行家这样收藏

收藏鉴赏投资
一本通

昌化石

《鉴石天下》编委会 编著

青岛出版社
QINGDAO PUBLISHING HOUSE

国家一级出版社
全国百佳图书出版单位

图书在版编目（CIP）数据

行家这样收藏昌化石 /《鉴石天下》编委会编著 . – 青岛：青岛出版社，
2015.3

（鉴石天下系列之二）

ISBN 978-7-5552-1442-7

Ⅰ . ①行… Ⅱ . ①鉴… Ⅲ . ①石－投资－临安县②石－鉴赏－临
安县③石－收藏－临安县 Ⅳ . ① F724.787 ② TS933 ③ G894

中国版本图书馆 CIP 数据核字（2015）第 004645 号

行家这样收藏昌化石

收藏鉴赏投资一本通

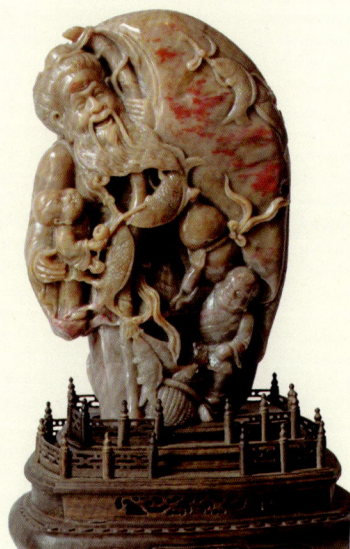

编 著 者	《鉴石天下》编委会
策 划	中海盛嘉
出版发行	青岛出版社
社 址	青岛市海尔路182号（266061）
本社网址	http://www.qdpub.com
邮购电话	13335059110 0532-68068820（传真）0532-68068026
责任编辑	郭东明 程兆军 E-mail：qdgdm@sina.com
装帧设计	中海盛嘉
印 刷	山东鸿杰印务集团有限公司
出版日期	2015年3月第1版 2015年3月第1次印刷
开 本	16 开（787mm×1092mm）
印 张	14
字 数	300千
书 号	ISBN 978-7-5552-1442-7
定 价	79.00 元

编校质量、盗版监督服务电话 40065322017 （0532）68068670

青岛版图书售后如发现质量问题，请寄回青岛出版社印务部调换。电话：0532-80998826

前言

Foreword

　　昌化石因其主要产于浙江省临安市昌化镇而得名，是中国著名的四大印章石之一。在矿物学中，昌化石属含水的铝硅酸盐类，是以高岭石、地开石为主的多种矿物组成的黏土岩。摩氏硬度为2～5度，密度为2.4克/立方厘米～2.7克/立方厘米。

　　昌化石按颜色、质地、结构的不同分为昌化田黄鸡血石、昌化鸡血石、昌化田黄石、昌化冻石、昌化彩石、昌化图案石等大类，共150多个品种。其中，最出名的要数昌化鸡血石。

　　明清时期，昌化鸡血石就成为帝王巨贾与社会名流的珍宝。康熙皇帝甚至以一枚鸡血石雕云龙钮方形玺，取"惟几惟康"之语为治世之道刻于玺面，作为典范谋略训词告诫臣下，共昭法守。近几年来，鸡血石更是成为各路客商和藏家趋之若鹜的珍宝，其价格跟着一路飙涨。

　　鸡血石最大的特色就集中在"红"字上，血色的多寡与鲜艳程度直接决定了它的价格。除了昌化鸡血石外，其他的昌化石品种由于质地细腻、颜色丰富，也是制印和雕刻的上佳石种。

　　本书从昌化石的形成原因、矿物组成、石种分类、历史渊源、市场走势、真伪鉴别等方面出发，通过诸多的图片和文字展示，系统地为广大昌化石爱好者提供了藏石、鉴石的诸多方法。

《鉴石天下》编委会

目录
Contents

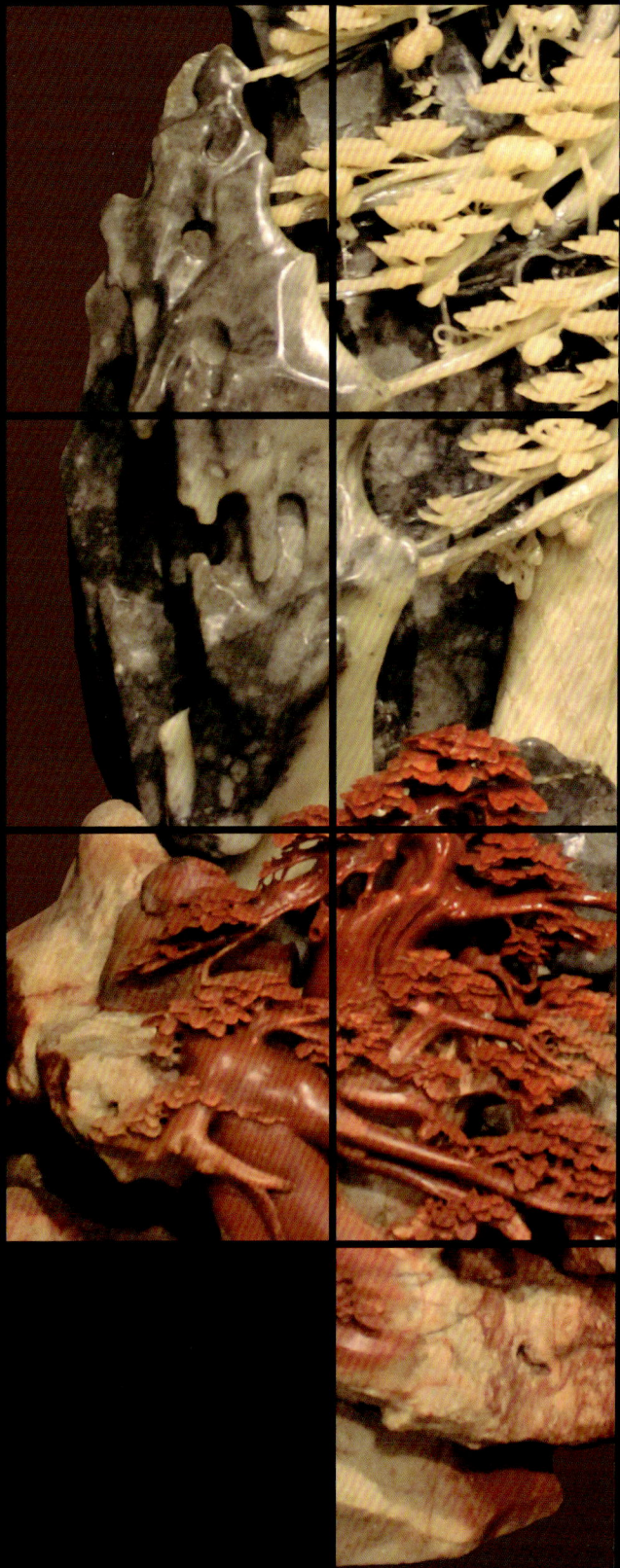

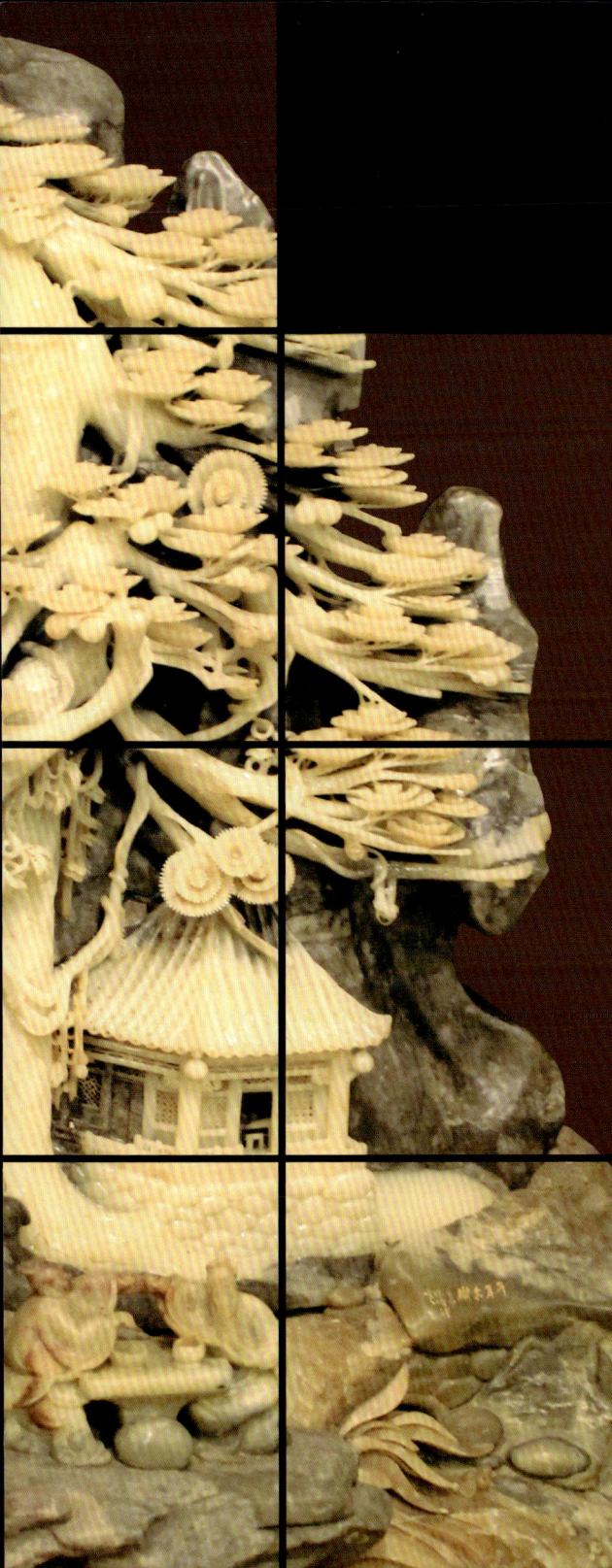

第三章

独一无二的魅力，
行家疯狂收藏的昌化石全知道 82

第六章

淘宝有道，
玩转昌化石必掌握的投资技巧182

红色江山·昌化牛角地鸡血石

尺　寸　68厘米×78厘米×42厘米

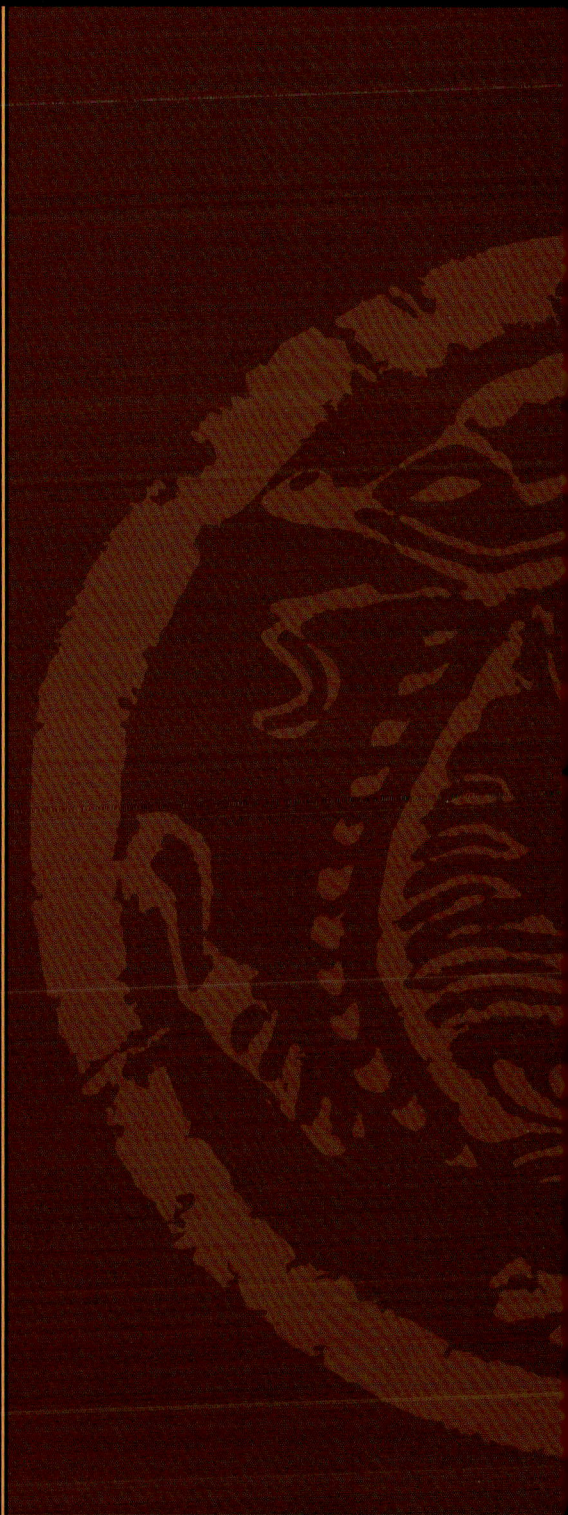

第一章

验明真身份，

鉴赏必知的昌化石性格特点

真正的昌化石

昌 化石因其主要产于浙江省临安市昌化镇而得名，是中国著名的四大印章石（寿山石、青田石、昌化石、巴林石）之一。在宝石学中，昌化石属彩石类，当地人称之为"玉石"，可见人们对其的喜爱程度。在矿物学中，昌化石属含水的铝硅酸盐类，是以高岭石、地开石为主的多种矿物组成的黏土岩。摩氏硬度为2~5度，密度为2.4克/立方厘米~2.7克/立方厘米。

昌化石的独美特点

昌化石具有油脂光泽，透明度不高，只有极少数品种透明。虽然透明度不高，但昌化石的色彩却非常丰富，其他彩石具有的色彩，在昌化石中都能找到；而其它彩石不具有的色彩，昌化石也有。

螭虎·昌化彩石

尺　寸　8厘米×10厘米

鉴石要点　采用浮雕技法雕刻的螭虎造型孔武有力，龙头、虎爪，尾部呈卷草形，边上雕刻钱串，造型流畅，线条优美，寓意"名利双收"。

南国风光·昌化鸡血石

尺　寸　30厘米×30厘米

鉴石要点　此件昌化鸡血石摆件，色如凝脂，温润异常，巧用鸡血石本色，雕刻亭台楼阁，层层叠叠、错落有致。

　　透明度、颜色、硬度、光泽度是区分昌化石种类的基本要素，按其颜色、质地、结构的不同分为昌化田黄鸡血石、昌化鸡血石、昌化田黄石、昌化冻石、昌化彩石、昌化图案石等大类，共150多个品种。其中，最出名的要数昌化鸡血石。

　　昌化石因为多砂，所以硬度变化比较大，石头的质地一般都比寿山石和青田石坚硬，不如后者细腻，但也有质地细嫩以及各种颜色的冻石。昌化石是一种多矿物集合体，鉴赏时首先要看石质，是否具备"细、润、洁、腻、温、凝"六德。再看石色，如含少量致色元素锰呈紫色，钴呈青色，铁和钛是深色染色剂，他们的含量多少决定了石色所呈现色彩的程度。

昌化石的诞生地

　　俗话说"一方水土养一方人"，同样，不同的水土也会造就不同的岩石，正是因为昌化独特的地理位置才成就了昌化石独有的个性。昌化镇位于浙江省的西部，南邻桐庐、淳安，北接安徽宁国，西界安徽歙县、绩溪，面积1019.4平方千米。山地、丘陵相间，昌化溪汇合昌西、昌北、昌南诸溪，汇于天目溪。

　　昌化石由中生代火山岩层经漫长而不同地质作用的交代蚀变，培育成含辰砂的鸡血石，未含辰砂的各类冻石、彩石；由于地壳变动，又将部分出露地表的原生矿崩解成岩块，经受长期的理化作用，培育成挖掘采得的独石。昌化石的主要化学成分为氧化铝和氧化硅，并含微量铁、锰、钛等氧化物及汞的硫化物。

紫气东来彩虹间·昌化鸡血石

尺　寸　110厘米×210厘米×45厘米

鉴石要点　石材硕大，色泽艳丽，在灰色的地子上呈现出丰富的层次变化，犹如雨后彩虹般美艳。上方雕梁画栋，意境清幽。既保持了鸡血石这一名贵石材的完整性，又完美的将色彩的动与建筑物山石的静融合得浑然一体。中国工艺美术大师牛克思雕刻。

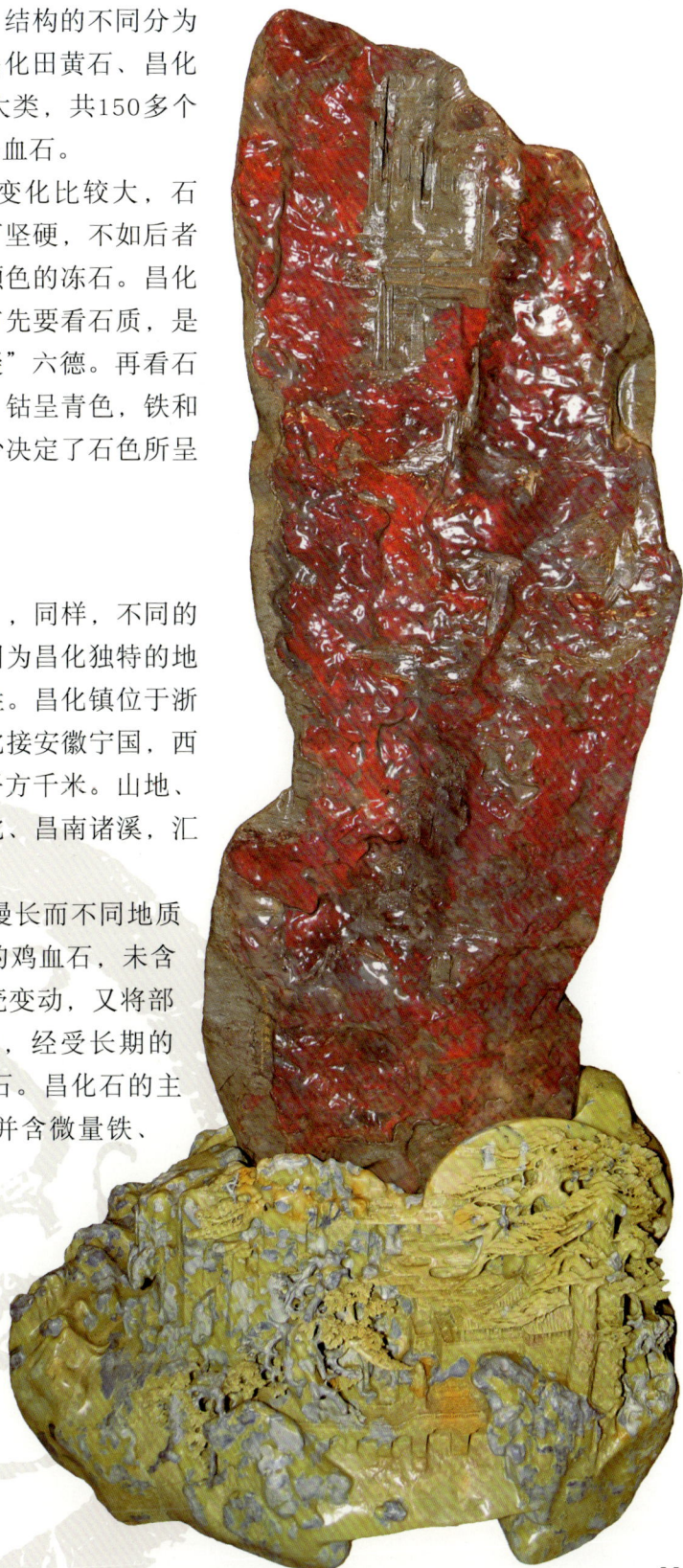

昌化石的矿区特点

　　昌化石主要产于昌化镇上溪乡的玉岩山一带，玉岩山海拔大约在1300米左右，属天目山系，为仙霞岭山脉的北支。周围群山环抱，峻岭绵延，高山峡谷形成了独特的气候条件，当地民谣为："板桥直垄通，风雨不断踪。夏天盖棉被，十月雪花飘"。矿区属亚热带季风气候，温暖湿润，光照充足，雨量充沛，四季分明，年平均气温13.6℃，年降水量1700毫米，无霜期206天，较临安市其他地区，气温偏低，雨量偏多，无霜期偏短。昌化石矿山的走势从上溪乡西北角的鸡冠岩开始，向东北延伸，经灰石岭、康山岭、核桃岭、纤岭等山岭，约10千米。昌化石的主矿区在玉岩山北坡。主矿区离南侧的上溪乡政府约2千米，离北侧的新桥乡政府约5千米，离昌化镇50多千米，离临安市政府驻地锦城镇100多千米，离杭州市150多千米。

昌化石的矿物成分

　　昌化石的矿物成分主要以黏土矿物地开石、高岭石为主，并经常含有未完全蚀变成地开石的硬质石英斑晶，这种石英斑晶的硬度远远大于地开石，在制作工艺上被称为"砂钉"，为雕刻家的大忌。因此，"砂钉"的多少也直接影响了昌化石的质量。

仙居・昌化鸡血石

尺　　寸 32厘米×33厘米

鉴石要点 血色鲜艳浓郁，血脉在黄色的地子上呈絮状分布，几乎布满整个石体，就好像鲜血直接泼洒在石头上一样，气势非凡。

昌化石的主要化学成分

品种	白冻	乌冻	黄冻	绿地伊利石	白冻鸡血石	乌冻鸡血石
二氧化硅	45.31	47.20	45.81	35.97	42.31	48.56
三氧化铝	39.45	38.00	39.27	41.16	38.64	37.03
三氧化二铁	0.11	0.39	0.22	1.98	0.13	0.34
二氧化钛	0.02	0.03	0.02	0.02	0.02	0.05
其他	14.36	13.80	14.20	6.17	17.17	13.45
总量	99.25	99.42	98.52	85.30	98.27	99.43

素章·昌化彩冻石
尺　寸　2.9厘米×2.9厘米×8厘米

方章·昌化牛角地鸡血石
尺　寸　3厘米×3厘米×8厘米

方章·昌化硬地鸡血石
尺　寸　3.2厘米×3.2厘米×7.8厘米

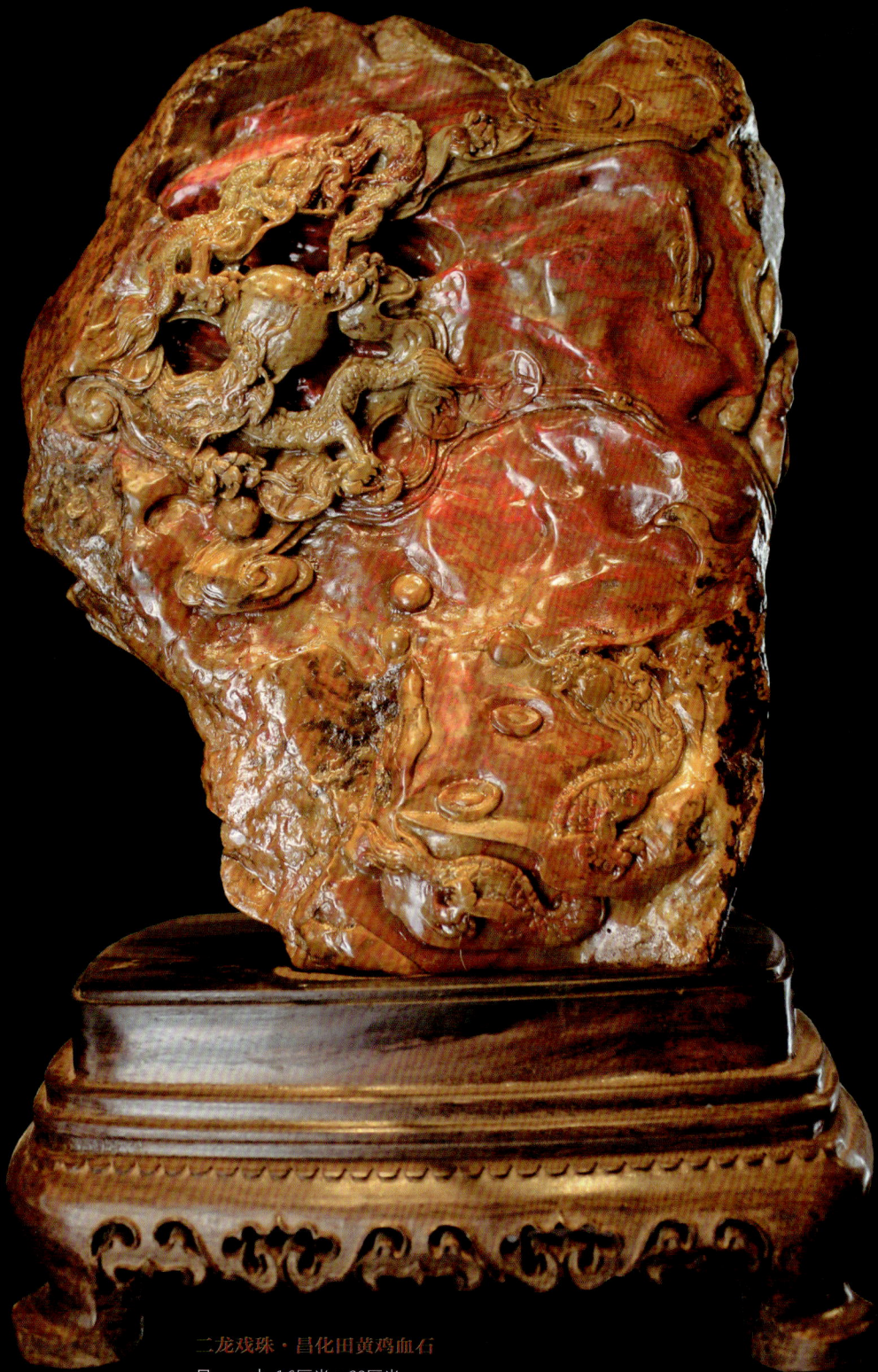

二龙戏珠·昌化田黄鸡血石

尺　寸　16厘米×22厘米

鉴石要点　形态质朴厚重，鸡血在黄灰色的地子上呈片状分布，精雕二龙戏珠图案，寓意吉祥。

万山红遍·昌化鸡血石

尺　　寸　86厘米×55厘米

鉴石要点　万山红遍，层林尽染，整幅作
品由红白黑三色构成，层次丰
富，视觉效果强烈。

素章·昌化鸡血石

尺　　寸　3.8厘米×3.8厘米×9厘米

鉴石要点　印章通体布满血色，明艳
动人。

昌化原石（正背）
尺　　寸　8厘米×15厘米

红日素章·昌化彩石
尺　　寸　3.3厘米×3.3厘米×8厘米

红梅花开素章·昌化硬地鸡血石
尺　　寸　3厘米×3厘米×7.5厘米

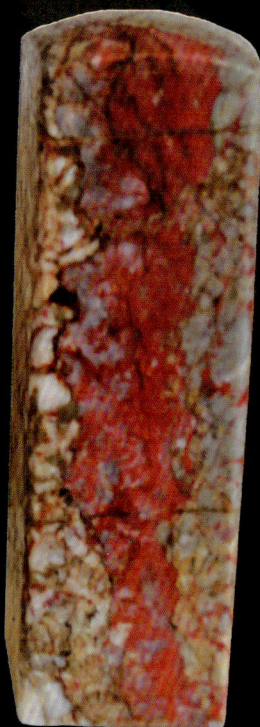

红河谷素章·昌化硬地鸡血石
尺　　寸　2.8厘米×2.8厘米×6.6厘米

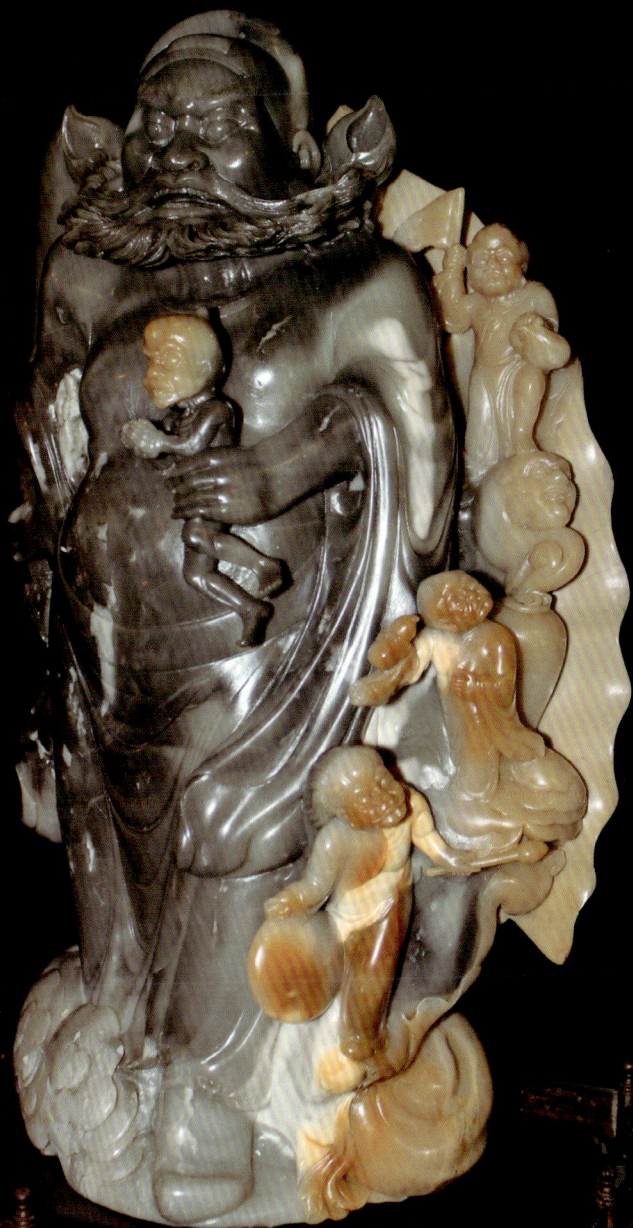

钟馗捉鬼·昌化牛角冻石

尺　寸　30厘米×45厘米

鉴石要点　钟馗是唐朝人，有一年，他考中了状元，可是因为长得太丑，皇帝决定取消他的状元资格，不录取。钟馗因为气愤自杀身亡。唐朝天子知道后，非常懊悔，追封他为"驱魔大神"，担任消灭妖魔鬼怪的工作。

闻名遐迩的昌化石文化

天赐洪福·昌化鸡血石

尺　　寸　26厘米×30厘米

鉴石要点　血色鲜艳浓郁，大片分布在黄色的地子上，耀眼夺目。下部依形顺势雕刻楼阁造型，气势非凡。

一块石头，富裕了当地百姓，带动了一方经济。昌化石文化受惠于源远流长的中华玉文化，同时又汇入中华玉文化的大河，惠及四方，并催生着昌化区域经济的快速成长和社会的文明进步。如今的玉岩矿区属龙岗镇范围，因为昌化石开发，带动了当地百姓走上了致富路，玉岩山脚下的国石村也因为昌化石富甲一方。如今的玉岩已不是昔日的玉岩，这里的一切都围绕玉石展开，这里的人们都为了玉石奔走，这里的财富都仰赖玉石的赐予。临安当地也开始将昌化石作为一项重点文创产业来打造，希望昌化石成为临安递向世界的一张"金名片"。

玉岩山的动人传说

关于玉岩山的由来，当地还有一段传说：相传在上古时代，玉岩山被蝗灾所困，山上寸草不留满目荒凉，因为没有粮食，当地饿殍遍地，瘟疫四起。

一对凤凰在迁徙时飞过玉岩山，听到了下面黎民百姓凄惨的啼哭声。看到这种悲凉的场景，这对凤凰决心帮助他们去消灭蝗害，驱散瘟疫。经过一番艰苦的搏斗，蝗虫被消灭干净，瘟疫也渐渐驱散。

于是，当地百姓对这对凤凰感激涕零，并极力挽留凤凰留下，共同建设美丽的玉岩山。凤凰最终被人们的诚心所感染，在玉岩山上筑起了凤凰沼栖居。不久，凤凰沼周围的所有山岩都变得洁白透明，就好像白玉一样，人们便将这一地方改名为玉岩山。

几年下来，在大家的共同努力下，玉岩山上百花盛开，充满芬芳，年年风调雨顺，人们安居乐业。突然有一天，一对"鸟狮"飞过玉岩山，这种鸟外形凶猛，性格暴戾非常好斗。它们妒忌凤凰巢居在如此美丽的地方，并且还受到当地人民的爱戴，于是就决心将凤凰赶走，占据凤凰沼。

一天，鸟狮乘着雌凤凰进入孵育期，雄凤凰外出觅食的时候，忽然偷袭凤巢，攻击雌凤凰，雌凤凰寡不敌众被鸟狮啄断了一条腿。危急关头，雄凤凰及时赶了回来，与这对鸟狮展开了殊死的搏斗，最后将鸟狮驱逐出了玉岩山。凤凰虽然胜利了，但也受了重伤，全身鲜血直流，染红了整个山头，这对凤凰在含泪掩埋了被鸟狮踩踏烂的凤凰蛋后伤心离去。凤凰离去，让当地的人们悲痛万分，他们向苍祈祷，请求上天能够保佑这对凤凰早日康复。

百姓的这种诚意以及凤凰的啼血，最终感动了玉皇大帝，他派天兵下凡视察实情，让地藏菩萨把凤凰蛋和凤凰血点化成美丽的丹石，并赋予了每块丹石以吉祥如意、逢凶化吉的力量。玉岩山上的丹石经过千万年的埋藏和演化，就变成了今天的"鸡血石"。

秋韵·昌化彩冻石

尺　　寸 30厘米×20厘米
鉴石要点 一串串硕果累累的葡萄果实，石肉温润细腻，如油似脂，具有很强的光泽和玉质感，葡萄叶神形兼备，一股秋收的喜悦洋溢期间。

"金名片"的无价身价

昌化石成规模的开采始于元末明初。传说最早发现者是当地的一位老农，在上山砍柴时无意间发现露出地表的一块石头晶莹剔透红似鸡血，便用砍柴刀凿下一块带回去换了粮食，石头能换粮的消息于是不胫而走，当地人纷纷上山采石，昌化石由此也开始展露峥嵘，最终成为中国印章石中的珍贵品种。

当时的昌化石矿藏丰富，主要露在大块岩石的表层，人们根据热胀冷缩的原理开采，在露出岩石表面的鸡血石上烧柴，等到岩石全部变热后，用冰冷的溪水浇泼，使石头分裂，最后用铁铲很容易就能把鸡血石采下。

这样的采法很少有裂纹，但鸡血石因为经过了煅烧，所以在没有开采出前很可能多已变黑或变暗，而采出量也非常小。

到了清代，昌化石的地位进一步提高，被列为宝玉石中的名品，雕刻技艺也有了长足的进步。这一时期，大批的昌化石珍品进入清代皇室，康熙、乾隆、嘉庆、咸丰、同治、宣统等皇帝均选昌化鸡血石作为玉玺的材料，比如乾隆、咸丰的昌化鸡血石印玺，现就珍藏于北京故宫博物院，成为国宝级藏品。

相传，慈禧太后也特别喜爱昌化石，在宫中收藏了大批的昌化石印章和雕件珍品，清光绪二十六年(1900年)义和团运动兴起，慈禧太后感觉时局不妙，于是就偷偷让太监转移她收藏的昌化石，小件直接带出宫廷，大的昌化石雕件则利用宫中人员出殡时，放入棺木，以死人陪葬品的名义运出宫外。清代官吏的服饰中，红顶花翎为最高品级，鸡血红曾一度代替珊瑚、玛瑙成为顶花品饰中的最高荣勋。

吉祥鸟·昌化鸡血石随形摆件
尺　寸　20厘米×25厘米
鉴石要点　鸡血石随形摆件，未经任何雕琢，整个外形酷似一只停留在山石上的鸟儿，下面配双龙戏珠底座，也可寓意"祥龙送宝"。

众鲤朝阳·昌化鸡血石
尺　寸　38厘米×30厘米
鉴石要点　血色浓艳，雕工饱满，利用石上的黑灰色部分雕刻几条鱼身尾相连，均呈身体向上跃起状，动静有度。

高山仰止·昌化牛角地鸡血石

尺　寸　57厘米×46厘米×24厘米

鉴石要点　材质硕大，如伟岸的高山一般，灰黑
　　　　　的地色如烟如雾，鸡血明艳，挥泼自
　　　　　如。石上雕刻松柏、楼阁、祥云图
　　　　　案，刻画细腻，寓意吉祥。

明清以来，由于盛产于浙江的昌化石、青田石提供了丰富优质的印材，日积月累渐渐托起了以杭州为中心的最权威、最具国际影响的篆刻印学社团——西泠印社。如崛起于乾隆、嘉庆年间的"西泠八家"不仅对金石学有深刻的研究，对昌化石印材也有认真的研究和实际的应用。清代后期吴派篆刻艺术创始人、"西泠印社"第一任社长吴昌硕，还有闻名画坛的中国画大师张大千、齐白石、徐悲鸿等，都十分喜爱昌化石印章。

上世纪50年代初，齐白石精心篆刻了两枚昌化石印章赠送给毛泽东，印章分别刻着"毛泽东"、"润之"字样。这两枚昌化石印章现珍藏在中央档案馆。上世纪70年代，日本前首相田中角荣、前外相大平正芳来中国访问，周恩来总理将昌化鸡血石对章作为国礼馈赠两位贵宾。由此，鸡血石在日本名声大振，出现了鸡血石热，并迅速波及中国港台地区和东南亚等地。

对昌化石的喜爱之风一直流传至今，不过黄金有价，而名石无价，历经数百年的民间开采，让本来就有限的昌化石矿藏越来越稀少，开采的难度与付出的代价越来越大。物以稀为贵，昌化石作为民间工艺品的地位与价值却越来越高。

荷塘鱼趣·昌化羊脂冻鸡血石

尺　寸　43厘米×42厘米

鉴石要点　俏色巧雕，利用整块石头的不红颜色，雕刻荷叶、池水，群鱼在水下欢快地互相追逐，活泼生动。

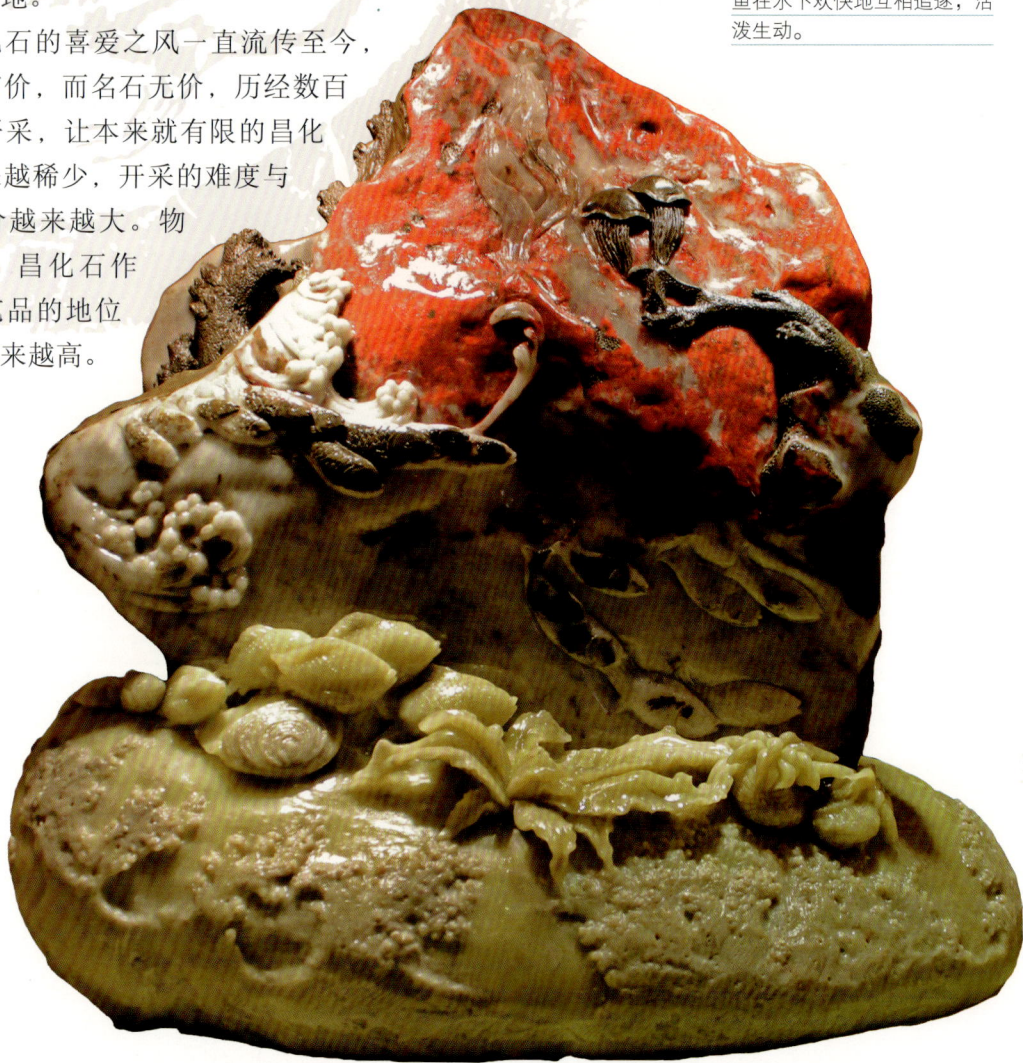

奇峰独秀·昌化牛角冻鸡血石

尺　　寸　85厘米×105厘米

鉴石要点　艳丽的鲜血漂浮在色如牛角的地子上，状如云霞，整块鸡血石上以传统的中国山水为题材，有山树亭廊，层次错落，美观大方。中国工艺美术大师张爱廷雕刻。

印章组合·昌化石（一）
尺　　寸　3.5厘米×3.5厘米×6.8厘米（均）

印章组合·昌化石（二）
尺　　寸　3厘米×3厘米×6.8厘米（均）

印章组合·昌化石（三）
尺　　寸　3.8厘米×3.8厘米×7.5厘米（均）

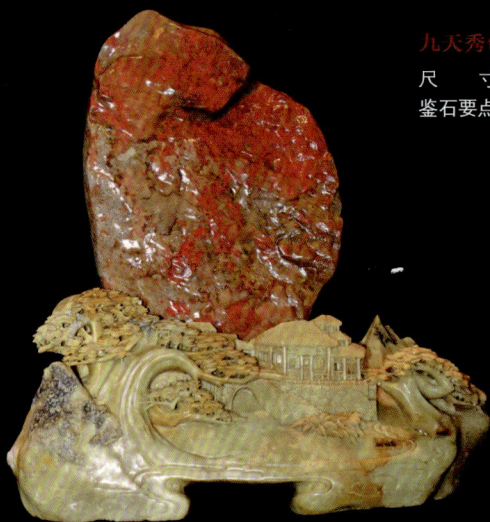

九天秀色·昌化豆青地鸡血石
尺　　寸　60厘米×62厘米×26厘米
鉴石要点　斑斓艳丽的血色如落花一样，洒
　　　　　在莹透青灰的冻地上，一片一
　　　　　片轻点漫舞，妖娆可爱。

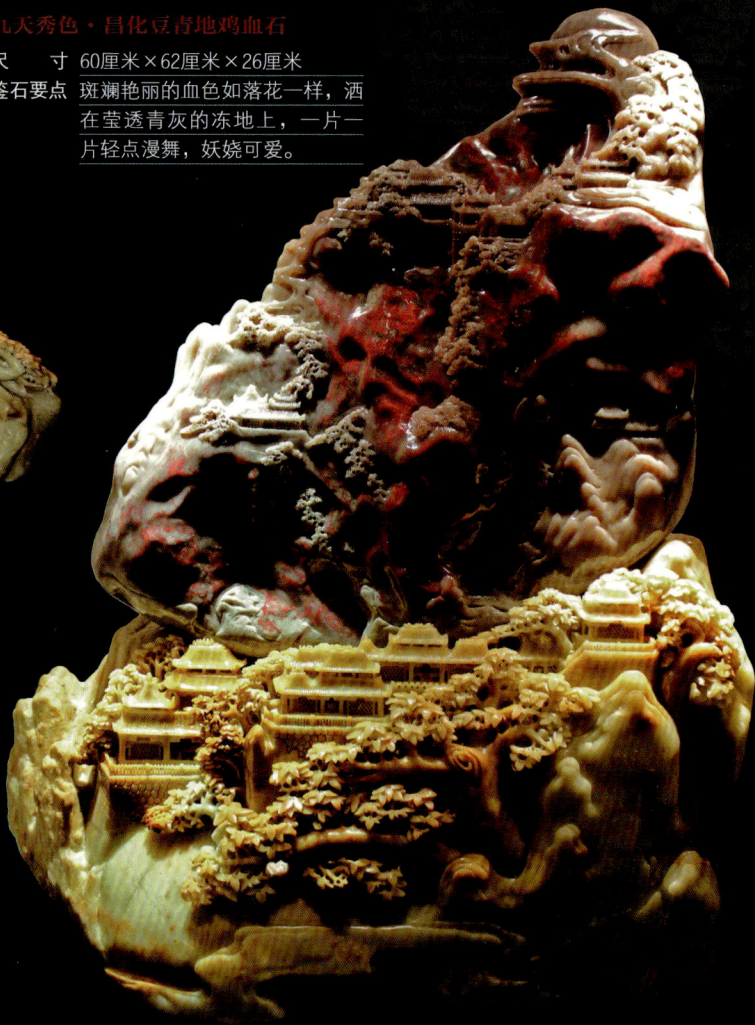

指日高升·昌化黄玉地鸡血石
尺　　寸　57厘米×40厘米
鉴石要点　指日高升，出自明代程登吉所
　　　　　著的《幼学琼林·文臣》：
　　　　　"代天巡狩，赞称巡按；指日
　　　　　高升，预贺官僚。"意思是指
　　　　　很快就可升官，常作为官场预
　　　　　祝之词。

霓虹烈焰·昌化荔枝冻鸡血石

尺　寸　38厘米×32厘米×15厘米
鉴石要点　血色明亮鲜艳，如烈焰升腾
　　　　　一般铺在黄色的地子上，壮
　　　　　丽雄伟，豪情无限。

昌化石分类

昌化石的分类有多种，有按照颜色来分类的，比如昌化石的颜色有白色、黑色、红色、黄色、灰色等各种颜色，品种也因此细分成很多种，如白色者称"白昌化"，黑色或灰色杂黑色者称"黑昌化"，多色相间者则称"花昌化"。目前最常见分类主要是依据昌化石的质地，分为昌化鸡血石、昌化田黄鸡血石、昌化彩冻石、昌化田黄石、昌化奇石五大类，共150多个品种。不同的品种又有不同的命名之法，其名称的来源，总结起来大致有如下几个方面。

各领风骚数百年·昌化鸡血石

尺　寸　25厘米×26厘米
鉴石要点　花繁叶茂，鸟鸣风轻，鸟与花互相争奇斗艳，整个作品一派欣欣向荣的气势。林超群雕刻。

比喻词

比喻词是把某些石头品种比作与其外观非常相似的常见物体的姿色形貌，如"羊脂冻"、"牛角冻"、"玻璃冻"等，从而使得这类石头的姿色更加具体形象，更富有特色。

色像词

色像词如"豆青冻"、"五彩冻"、"酱色冻"、"桃红冻"等，直接以某些石头的外观颜色命名，从而使得其更加直观、自然，叫起来也朗朗上口。

借用词

借用词有比喻的意义，因为某些昌化石的品种同有些著称于世的宝玉石的品种非常相似，于是借用了这些宝玉石的名称，如"田黄冻"、"玛瑙冻"、"象牙冻"等。

文学典故

有的石材形态丰富，个性突出，于是就被冠上了文学典故中常见的人物雅号，如"黑旋风"、"刘关张"等，这种称谓非常形象具体，让坚硬的石头平添了生命的韵味。

显然，这些分类与名称均是昌化石行业在长期的观察与商业运作过程中形成的一种约定俗成的传统方法，很直观，也很方便记忆，但其科学性与系统性较差。

鸿运山庄·昌化牛角地鸡血石

尺　寸　50厘米×50厘米×26厘米

鉴石要点　血色满布，材大质佳，鲜艳的鸡血分布在灰黑的牛角地上，层层叠叠，气势不凡。

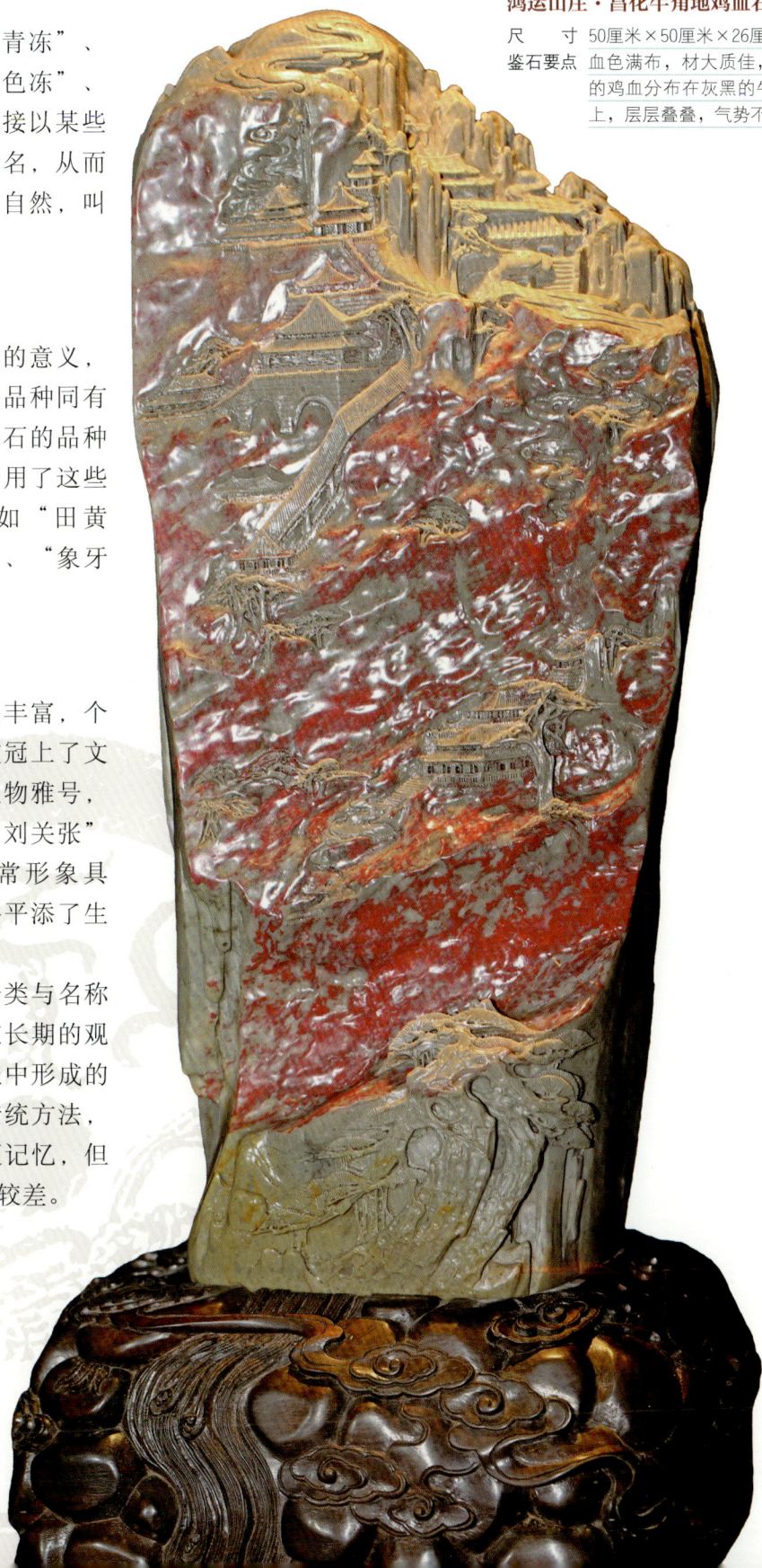

奇峰异果·昌化鸡血石

尺　　寸　40厘米×67厘米

鉴石要点　凝结微透的黄灰色地子上，血色似山间云雾般缭绕，红色被衬托得愈发艳丽。

神龙献瑞·昌化红花冻鸡血石

尺　　寸　35厘米×33厘米×7厘米

鉴石要点　密如蛛网的鸡血似从天而降，依形就势雕刻龙珠题材，云如流水，行龙出没云端，飘逸生动，其刻工高超，刀法精绝，圆雕、浮雕兼用。

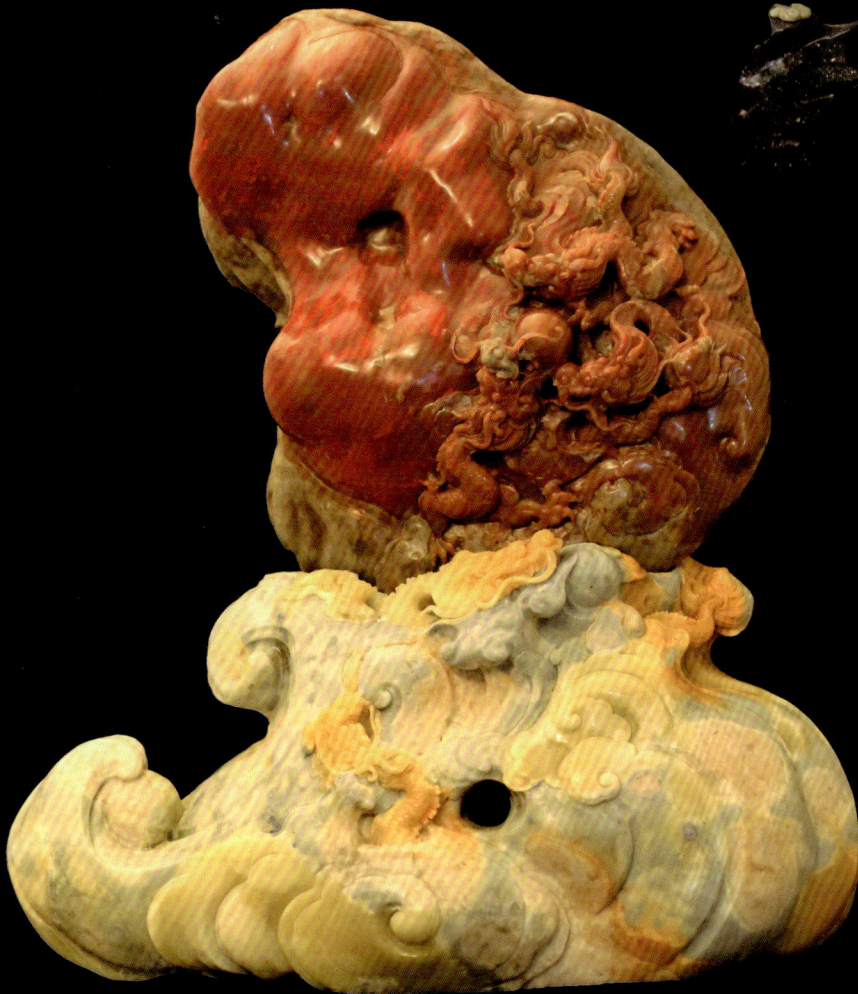

事事平安·昌化彩冻石

尺　　寸　25厘米×40厘米

鉴石要点　以一整块料采用镂雕、圆雕等技法雕刻柿子鹌鹑摆件，小柿子枝叶环绕，柿子粒晶莹饱满，柿子树下一只鹌鹑回首站立，"柿"与"事"谐音，"鹌"与"安"谐音，寓意"事事平安"。

江南春色·昌化鸡血石

尺　寸　50厘米×98厘米

鉴石要点　江南无限好，风景旧曾谙。此鸡血石摆件地子温润，血色灵动流美，如江南美景一般让人陶醉。

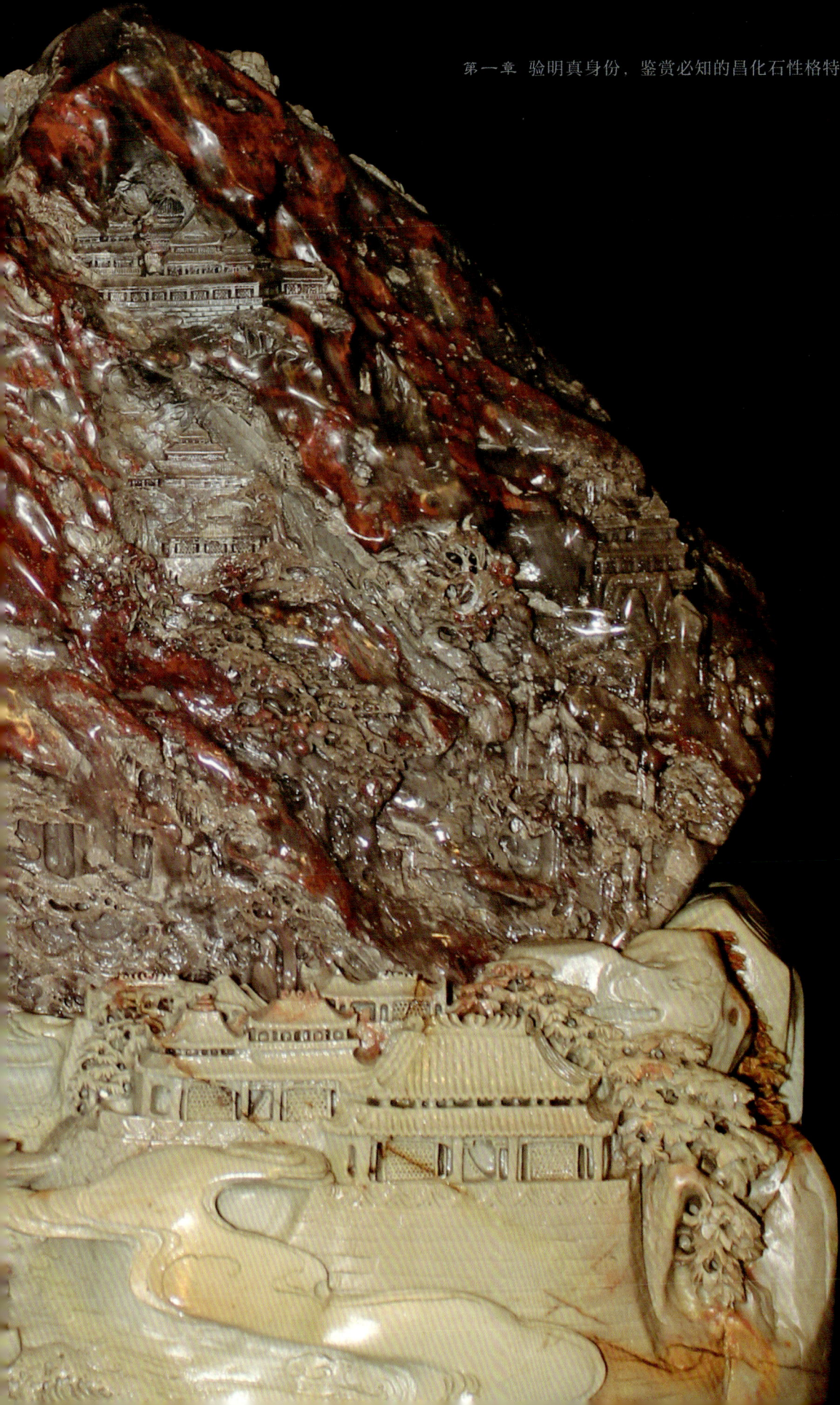

鸿运天成·昌化鸡血石

尺　　寸　33厘米×30厘米×13厘米

鉴石要点　血色浓郁纯正，像水一样流淌，越往上越艳丽，最后凝结在顶部，艳丽通透，象征鸿运高照。

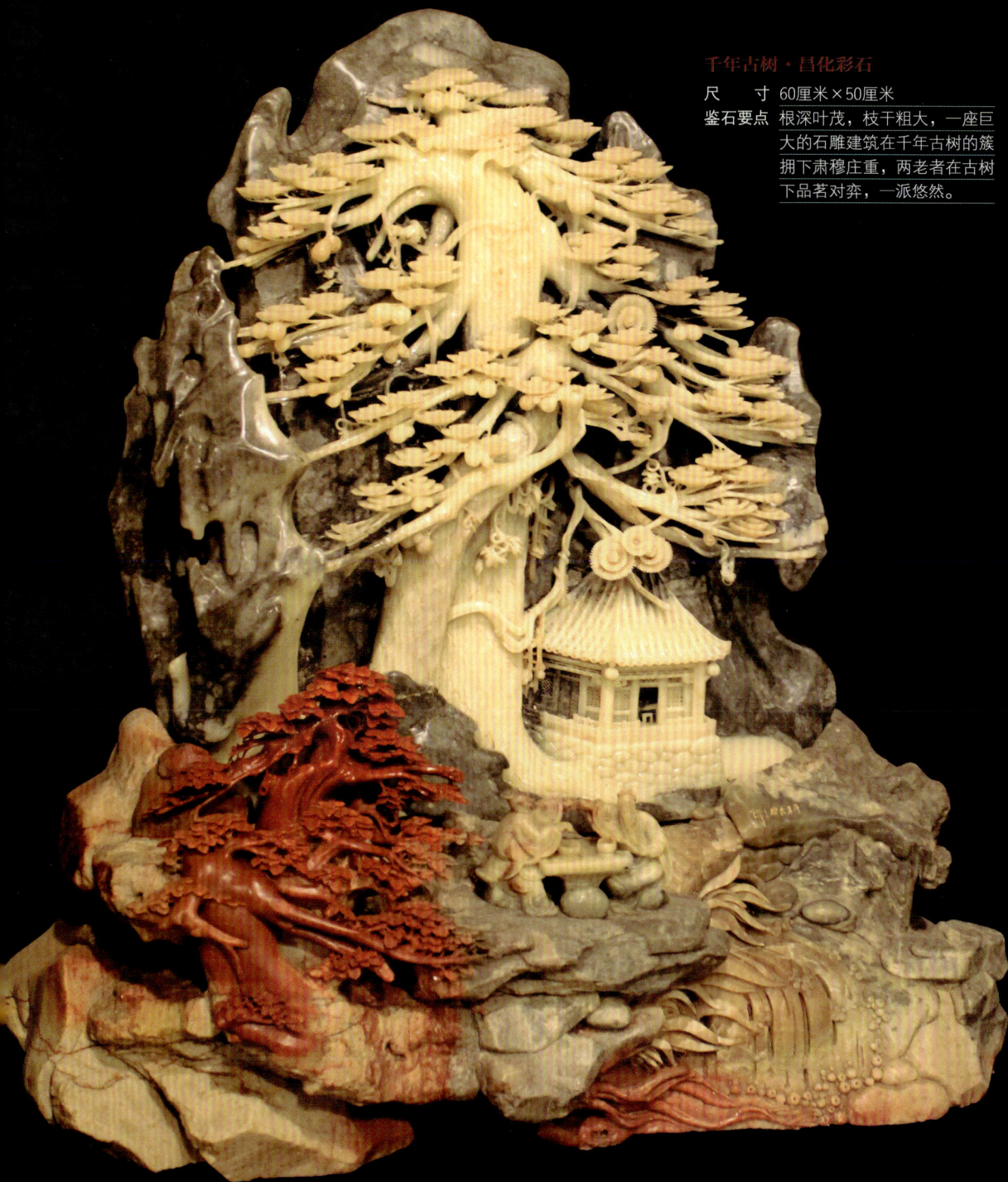

千年古树·昌化彩石

尺　寸　60厘米×50厘米

鉴石要点　根深叶茂，枝干粗大，一座巨大的石雕建筑在千年古树的簇拥下肃穆庄重，两老者在古树下品茗对弈，一派悠然。

云心鹤眼·昌化牛角地鸡血石

尺　寸　45厘米×50厘米×27厘米

鉴石要点　山间祥云缭绕、松柏掩映，山脚下仙
鹤翩翩，整个作品给人一种超然物外
的境界。就如唐代诗人白居易在《酬
杨八》一诗中所写："君以旷怀宜静
境，我因蹇步称闲官。闭门足病非高
士，劳作云心鹤眼看。"

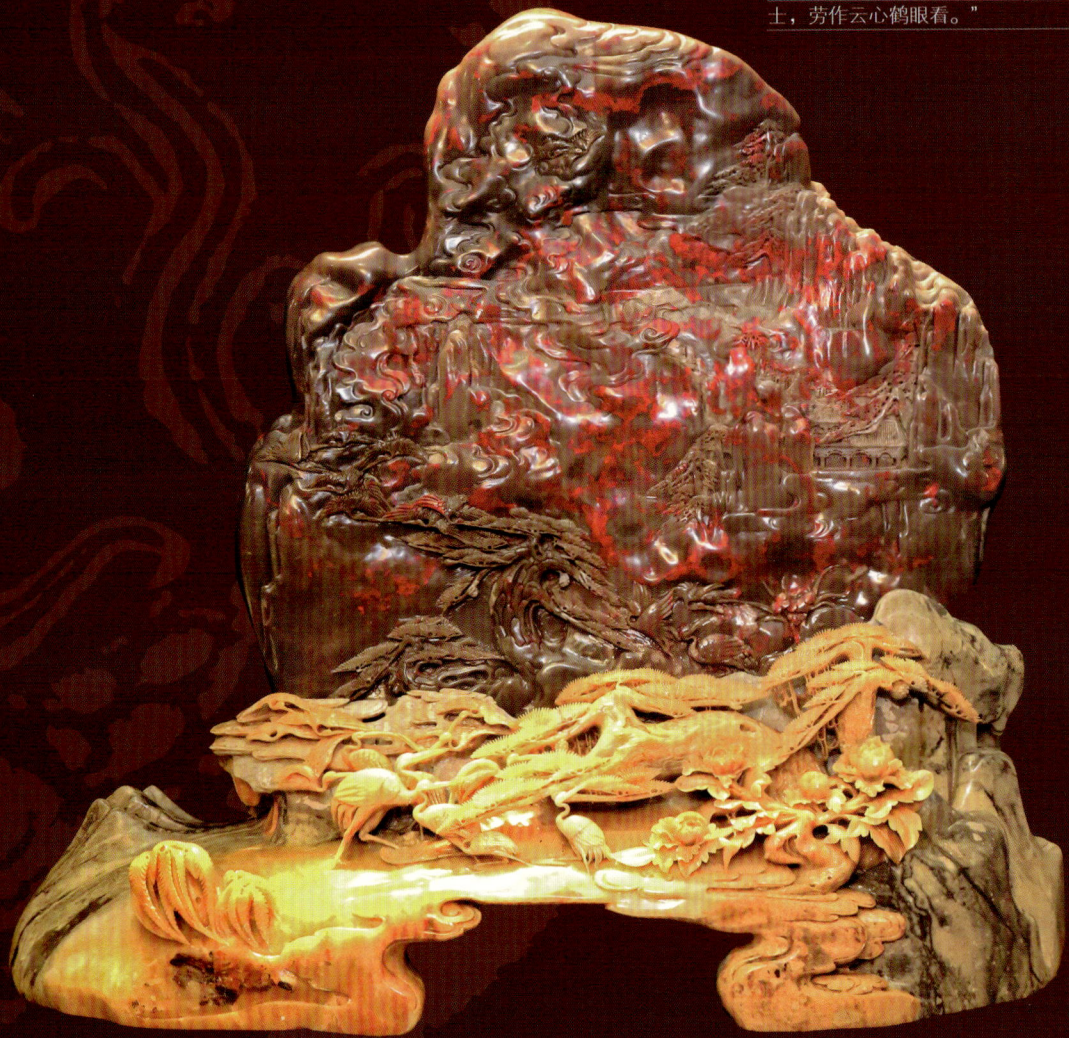

第二章

收揽一切精品，

玩家必懂的昌化石种全囊括

昌化鸡血石

昌化鸡血石是昌化石大家族中的精华，属于罕见宝石，其在整个中国宝玉石界也占有非常重要的地位，历来跟玛瑙、翡翠、钻石一样被人们所珍视。在利益的驱动下，自1980年代以来，当地的"石商"、"石农"开始运用先进工具设备进行地毯式的掠夺性开发。昌化鸡血石的开采近乎疯狂，为了抢夺鸡血石，人们有时候在矿洞里还会大动干戈。近年来，经多方努力，开采鸡血石逐步走向正轨，矿区专门设立了警务室，以方便管理和及时处理纠纷。当地村民已不再"狂轰滥炸"野蛮开采，但添置了空压机、风钻等机械设备后，更高效的开发加速了鸡血石资源的枯竭，见"红"廖廖。在当地有句话叫"三年不开张，见红吃三年"，意思是开挖鸡血石要看运气，洞里平时大多出产一些普通的观赏石或者蜡石，这些石头虽然也能卖钱，但价格不高。

鸿运当头·昌化鸡血石

尺　寸　40厘米×52厘米

鉴石要点　材质硕大，气势不凡，雕工细腻，山石伟岸挺拔，树木葱郁，在顶部大片的血色聚集，颜色鲜明透亮，寓意"鸿运当头"。张爱廷雕刻。

昌化鸡血石的江湖地位

截止到目前，人们在自然界已探明的矿物将近2800多种，按照国家宝玉石定名标准："由自然界产出，具有美观、耐久、稀少性，具有工艺价值，可加工成装饰品的物质统称为天然珠宝玉石"，能称得上宝玉石的矿物达200种左右，常见的则只有40余种。不少宝玉石在世界各地均有产出，但鸡血石只有中国独有。

中国素有"宝玉石之国"的美称。目前，中国已发现宝石51种，玉石121种，有机宝石12种，观赏石122种，砚石26种。宝玉石产地达6000余处。鸡血石在宝玉石分类中属玉类，是玉石之中的佼佼者。

清代乾隆年间所修的《浙江通志》曾记载："昌化县产图章石，红点若朱砂，亦有青紫如玳瑁，良可爱玩，近则罕得矣。"乾隆皇帝本人就有多枚昌化鸡血石宝玺。其中一枚是"乾隆宸翰"，此印高15.2厘米，宽8.4厘米见方，制于清乾隆24年(1759年)，是乾隆诸多宝玺中较为精美的一枚，现藏于北京故宫博物院。

该玺的作品取材于乾隆下江南时畅游西湖的迷人场景，双鹤漫步在大片的荷花丛中，蜻蜓在花间自由飞舞，湖中池水波光粼粼，一对鸳鸯在水中嬉戏，水底鱼儿游荡，湖面上青蛙、螃蟹跳跃，整个图面一派盎然生机动感十足。荷池岸边的岩石上刻有三处边款，其中一处云："莲塘三十里，四面起清风。鸳鸯飞不去，只在藕花中。己卯日过西湖，见荷花烂漫，摹之于石……"其印面刻阳文"乾隆宸翰"。"乾隆宸翰"作为乾隆皇帝的闲章，经常钤盖于乾隆皇帝御笔书画之上，是他使用较多的一方印石。

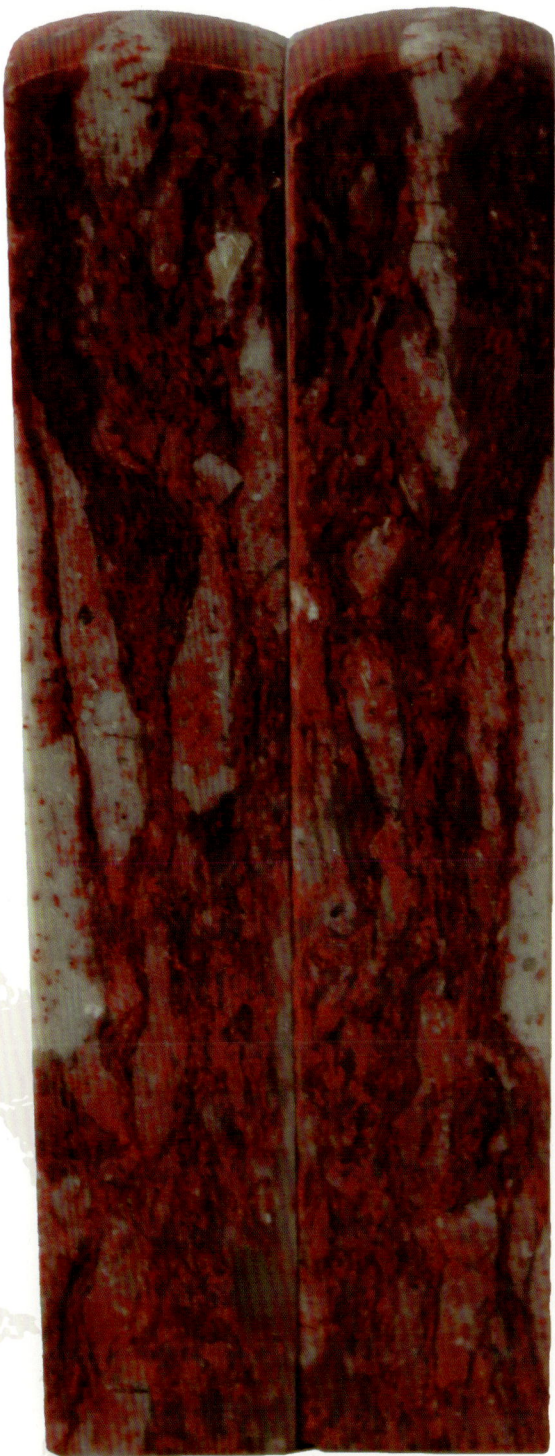

对章·昌化刚灰地鸡血石

尺　寸　4厘米×4厘米×13厘米

鉴石要点　质地色如水泥，鸡血就好像朱砂粉一样掉落在表面，点点滴滴，密集分布。

昌化鸡血石在上世纪90年代以来的历次中国国石评选中，均为首选国石之一。中国国石评选活动是从1998年开始酝酿和实施的，中国宝玉石协会先后召开了中国国石评选研讨会，举办了候选国石精品展示会，引起了社会各界的广泛关注。

2000年初，中国宝玉石协会召集全国各省（区、市）近百名宝玉石专家，在北京召开了中国国石研讨推荐会。这次会议确定的、推荐国石的基本原则是：石美、其制品更美，有悠久历史，在中国开发前景广阔，为中国人民和海外侨胞所喜爱。根据上述基本原则，经过反复认真研讨，这次会议最后从中国的121种玉石中，推荐出了新疆和田玉、河南独山玉、辽宁岫岩玉、浙江昌化鸡血石、福建寿山石、浙江青田石等6种玉石，作为候选国石，报国家有关部门选定。

到2000年5月，又一次评选出了中国十大候选国石，其排名顺序是：辽宁岫岩玉、福建寿山石、新疆和田玉、浙江昌化鸡血石、内蒙古巴林石、台湾红珊瑚、浙江青田石、福建华安玉、河南独山玉和湖北绿松石。宝玉石专家称昌化鸡血石为"中华瑰宝"，昌化石以其撩人的美姿，还赢得了"印石皇后"的美誉。

三脚金蟾·昌化鸡血石（正视）
尺　寸　50厘米×70厘米
鉴石要点　鸡血密集分布在深灰的地色上，圆雕金蟾，造型生动形态逼真，与铜钱一起象征富贵吉祥。

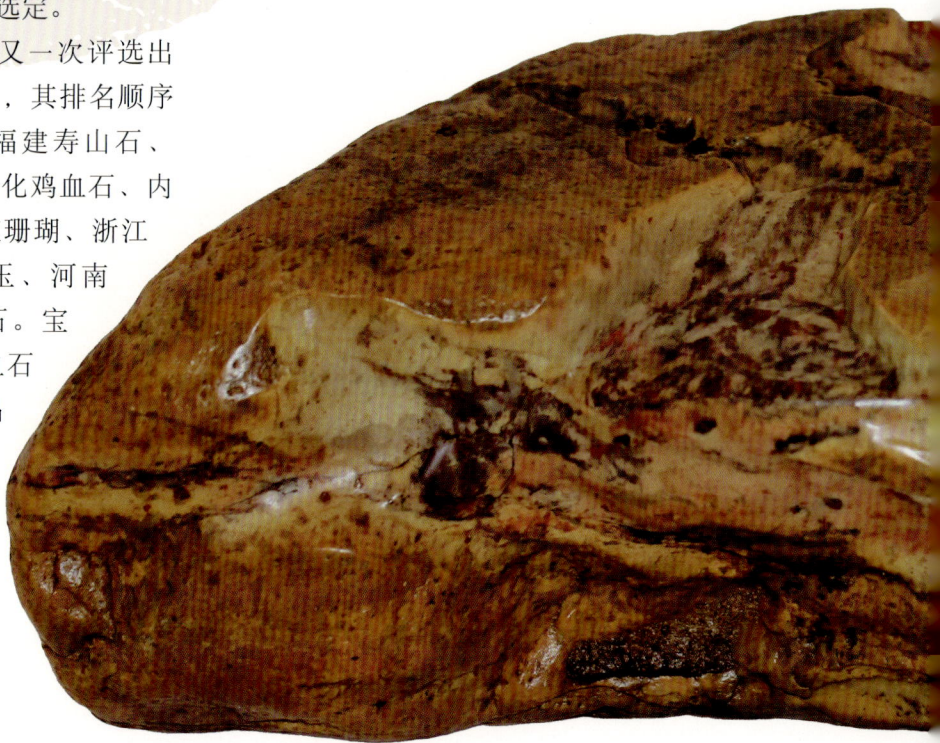

三脚金蟾·昌化鸡血石（俯视）

昌化田黄鸡血原石

尺　　寸　30厘米×15厘米×8厘米

鉴石要点　昌化田黄鸡血石是昌化鸡血石中的"后起之秀"。这类石头外面一般
包着黄色、白色、黑色、褐色等石皮，内部由田黄冻与"鸡血"相伴
生成，因此其兼具田黄石与鸡血石的双重特性，更加珍贵。

龙腾盛世·昌化鸡血石

尺　寸　70厘米×94厘米×30厘米

鉴石要点　鸡血浓厚明亮，自上而下洒落
　　　　　石上，右侧无血色部分，作浅
　　　　　浮雕游龙造型，整个摆件气势
　　　　　磅礴。张爱廷雕刻。

牡丹喜鹊·昌化刘关张鸡血石（俯视、正视）

尺　　寸　16厘米×15厘米

鉴石要点　地色红白黑三色相间，此类石种取三国演义中的人物刘备、关羽、张飞，叫做"刘关张"，石上浮雕牡丹、喜鹊图案，寓意"喜庆富贵"。

财运亨通·昌化田黄鸡血石

尺　　寸　27厘米×17厘米

鉴石要点　石质温润，细腻莹透，鲜亮的血色就好像日出东方时的朝霞一般，妩媚娇艳，石上雕刻铜钱、元宝等，寓意财运亨通。

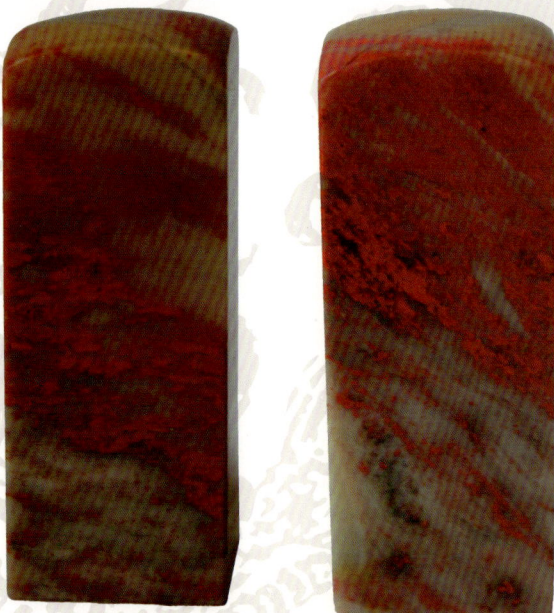

方章·昌化藕粉地鸡血石（正背）

尺　　寸　2.2厘米×2.7厘米×5.6厘米

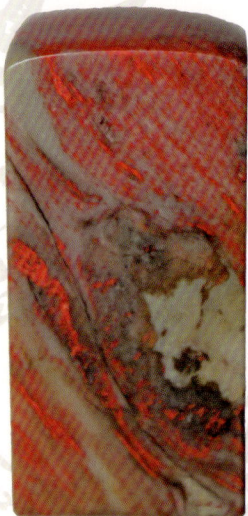

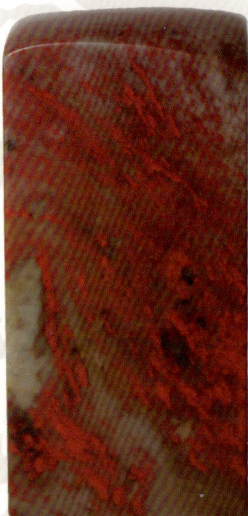

方章·昌化藕粉地鸡血石（正背）

尺　　寸　2.2厘米×2.7厘米×5.6厘米

鉴石要点　地子细腻，色如藕粉，鲜艳浓郁的血色如雾霭祥云一般，氤氲缭绕，笼罩方章。

对章·昌化刚灰地鸡血石

尺　　寸　3厘米×3厘米×7厘米

鉴石要点　石质细腻，血色鲜红，在灰白色的地上轻点漫舞，娇艳妩媚。

夕阳无限美·昌化鸡血石

尺　　寸　18厘米×25厘米

鉴石要点　落日的余晖洒满了整个山林，红色的晚霞中，一砍柴的老翁满载而归。林超群雕刻。

斗艳·昌化鸡血石

尺　　寸　20厘米×30厘米

鉴石要点　形体硕大，血色饱满，颜色鲜
　　　　　艳明亮，石头上浮雕两朵含苞
　　　　　欲放的牡丹，枝叶繁茂，娇嫩
　　　　　欲滴。

九龙壁·昌化藕粉地鸡血石

尺　寸　36厘米×48厘米

鉴石要点　龙姿端正，龙须向两旁飘散，每条龙均翻飞腾跃，舞动龙爪，张口咆哮，神态勇猛，充满威严之感。

高屋建瓴·昌化鸡血石

尺　　寸　98厘米×58厘米×42厘米

鉴石要点　石质沉稳、凝练，大片的鸡血铺
　　　　　满整个石面，气势如虹，尽现王
　　　　　者之气。顶部雕刻连片的楼阁，
　　　　　造型独特，寓意"高屋建瓴"。

昌化冻地鸡血石的质地特点

品种	质地特点
牛角冻鸡血石	地色像牛的犄角，灰黑中略泛黄褐，外观半透明或微透明。一般来说，其质地纯净细腻无杂质者为佳品。
田黄冻鸡血石	过去也被称作"黄冻鸡血石"，此种石头由于质地与福建寿山的田黄石相似，所以民间俗称"田黄冻鸡血石"。黄冻地上的鸡血非常艳丽，收藏界常把福建田黄称为"石帝"，把昌化鸡血称为"石后"，"帝后"同在一石，是非常罕见的珍品。此种石头质地细腻，按照外观色泽深浅的不同，又可细分为黄金黄、蜜蜡黄、桂花黄、枇杷黄、熟粟黄、土黄等。
藕粉冻鸡血石	又称"肉糕冻鸡血石"，质地灰中泛红，看起来像磨成粉末的藕粉，透明度稍差，昌化石各矿区都有产出，是冻地鸡血石中较常见的品种。鉴赏此种石头时，灰中泛红的藕粉冻地上散布着鲜红的鸡血，一种厚重、沉稳之感呼之欲出。
桃红冻鸡血石	也称"玉红冻鸡血石"，整个地子艳若桃花，鲜红的鸡血伴生其中，玉里透红，鲜艳娇美。颜色纯净质地温润者为佳。
玛瑙冻鸡血石	地子的颜色有类似于玛瑙的花纹，鲜红的鸡血沿着玛瑙的纹路相伴而生，外观微透明，属于鸡血石中的珍稀品种。
羊脂冻鸡血石	地子的颜色看起来就像凝固的羊脂一般，红色的鸡血分布在乳白色的羊脂地上。质地细腻，半透明或微透明，地色洁白纯净无瑕者为佳品。
玻璃冻鸡血石	又称"水晶冻鸡血石"，外观晶莹如玉，用手电照上去反射的光泽如水晶灯一样，内部所含红色的鸡血，用肉眼即可见其立体展示的形状。此种石头有蜡状光泽者为最，是珍品中的最上品。
刘关张鸡血石	也叫"朱砂冻"，地色为白（黄）、黑（紫）与鸡血共生，自然形成白、红、紫黑为一体。石中白地色常被比喻成《三国演义》中的人物刘备，鸡血红被喻为关羽，黑地色比喻成张飞，冠以"刘关张"的雅称，取其"桃园三结义"的兄弟情义，立意深刻。此种石头色泽艳丽高雅，质地透明细微，如果遇到三种颜色均匀且没有其他杂色的，当为上等的珍品。
芙蓉冻鸡血石	地色呈粉色，微透明至半透明，湿润可爱。地色虽然与鸡血红色反差较小，有喧宾夺主之嫌，但终因芙蓉冻本身很珍贵，尽管有此美中不足，仍不失为珍贵品种。
五彩冻鸡血石	质地由多种颜色伴生而成，外观微透明至半透明。鲜红的鸡血伴生在五彩的冻地上，相映成趣，就好像画龙点睛一般，整个石头显得多彩多姿，富有韵味，很有欣赏价值。此品种产出较多，各矿区均有产出。在鉴赏五彩冻鸡血石的时候除了观察鸡血的血色、血的形状、血的含量外，还要看其他颜色是否协调搭配。
银灰冻鸡血石	地子的颜色浅灰如银，外观微透明至半透明，鸡血以紫红、大红色为主。此种石头各矿区都有产出，产出量较多，但血色纯正、质地明净无杂色者并不多。
豆青冻鸡血石	又称"薄荷冻鸡血石"，地色就好像豌豆的青色，也像薄荷汁一样，外观微透明，鸡血的血色鲜艳，红青相间，极具观赏价值。

渔翁·昌化牛角冻鸡血石

尺　　寸　18厘米×22厘米

鉴石要点　刀工浑厚精湛，古拙朴实，渔翁被刻画得细致入微，栩栩如生。一孩童手执荷花，坐在渔翁脚下，造型饱满生动。

昌化硬地鸡血石

硬地鸡血石的成分由辰砂与硅化凝灰岩组成，主要成分是二氧化硅，摩氏硬度在6度以上，有的甚至要大于7度，外观不透明，干涩少光，行内人称之为"硬货"。

硬地鸡血石的地子颜色比较单一，常呈现白、灰两种颜色，少量的也有黑色和多色伴生。由于摩氏硬度较大，所以硬地鸡血石雕刻起来比较困难，属于比较低档的品种。硬地鸡血石的主要品种有：硬灰地、硬黄地、硬黑地、硬褐地等鸡血石。

值得注意的是，此类品种有一种是在硬地表面伴生有鲜艳的鸡血，形成单面或双面鸡血薄皮，俗称"皮血"，属上品或中档品，且质地愈硬，其伴生的"鸡血"就愈发鲜浓，不容易褪色，质好者是制作工艺品的佳材，有的只需要经过表面抛光处理就非常具有观赏价值。

昌化软地鸡血石

软地鸡血石的成分是辰砂与地开石、高岭石和少量明矾石、石英细粒组成，有一定蜡状光泽，硬度为摩氏3～4度，外观不透明或部分微透明。

软地鸡血石是昌化鸡血石中最常见的一类，其产量约占鸡血石中的一半多。此类石头的主要品种有：黑旋风、瓦灰地、桃红地、朱砂地、酱色地、巧石地、白玉地、黄玉地、青玉地、花玉地、紫云地、木纹地等。

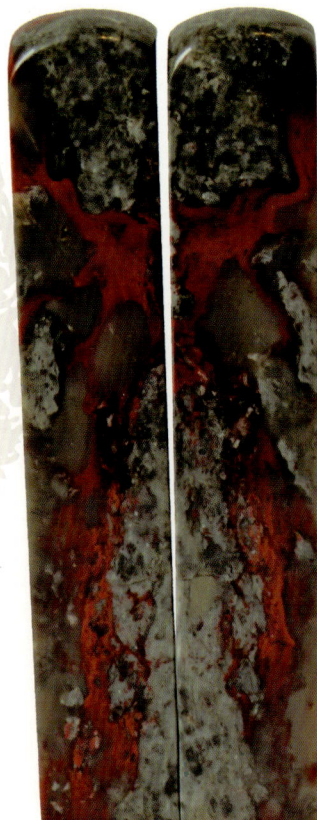

对章·昌化牛角地鸡血石
尺　　寸　3厘米×3厘米×7厘米

昌化软地鸡血石的质地特点

品种	质地特点
黑旋风鸡血石	地色通体乌黑，外表富有蜡状光泽。常有鲜红、大红的块血、条血或云雾状血伴生。此种石头极具观赏性：明亮纯黑的地子上伴生着鲜红的鸡血，呈现出一种豪迈威猛的气势，就好像《水浒传》中的梁山好汉"黑旋风"李逵一般。这种外形也大大提高了该品种的身价，此类珍品在早年开采中比较多见，近已罕见。
瓦灰地鸡血石	地色呈灰色，就好像过去盖房用的瓦一般，灰色有浅有深，外观不透明，少量微透明，有一定蜡状光泽。常见有大红的鸡血伴生，也有少量的血色呈鲜红色。
桃红地鸡血石	地子的颜色呈淡红色，外观不透明，有一定光泽。红色的鸡血分布在桃红质地上，反差较小，尤其是偏淡的血色，更与地色接近，冲淡了鸡血的艳丽姿色，被人称之为"地子吃血"。但地色淡雅、纯正，血色丰浓的品种因加大了反差，变"地子吃血"为"玉里裹红"，则产生了很好的视觉效果。巴林石中的红花鸡血石与此品种有相似之处。

朱砂地鸡血石	地子的颜色酷似冻地鸡血石中的朱砂冻，往往由黑、白、红或黑、黄、红三色伴生，其中以朱砂红或朱砂黑为主，但不如朱砂冻透明。鸡血常见有条块状的大红色，也有絮状或点状的淡红或鲜红色。与朱砂冻一样，朱砂地鸡血石也有人称之为软地的"刘关张"，属于软地鸡血石中的上品。
酱色地鸡血石	地色呈深棕色，就好像大豆酿成的黄酱一般，外观不透明，杂色较少。红色的鸡血与深棕色的质地结合在一起，其色泽尤为深重。
巧石地鸡血石	地子的颜色有两种或两种以上的反差比较大但界线分明的色温或者色块组成，色与色之间互不交叉且界限分明，鸡血自然而又和谐地分布在巧石地上，形成赏心悦目的图案，外观看起来不透明。
白玉地鸡血石	地色看起来就好像鹅蛋、象牙的颜色一样，所以又被称做"鹅蛋白鸡血石"或"象牙白鸡血石"。外表光滑细腻，白玉一样的质地承托着伴生的鸡血更加艳丽夺目。内蒙古巴林石中的瓷白地鸡血石与昌化白玉地鸡血石的色泽有些接近，但质量相差甚远，巴林瓷白鸡血石比较干燥艰涩，整体给人一种呆滞的感觉，而昌化白玉地鸡血石则石质细腻，无论是血色和地子都富有灵性，是昌化软地鸡血石中的上品。
黄玉地鸡血石	地子的颜色呈黄色，色调有深有浅：深的就像北方黄土的颜色，因此也被称之为土黄地鸡血石；浅色的像桂花的黄色，也被称作桂花黄地鸡血石，整体外观不透明。这一品种的石头色相变化很多，常混有白、灰、黑、棕、红等杂色，单色明净者比较少见，各种颜色和形状的鸡血都有伴生。在明快的黄色地子上散布鲜艳的"鸡血"，使人看了赏心悦目、亮丽迷人，也属于软地鸡血石中的上品。黄玉鸡血石近年在新坑产出较多，但纯正者很少见。
青玉地鸡血石	质地灰中带青，又称青灰地鸡血石，不透明，蜡状光泽强，石质较细腻。它与豆青冻鸡血石的地色相近，只是透明度不及豆青冻鸡血石。
花玉地鸡血石	该品种是红花地鸡血石、黑花地鸡血石、黄花地鸡血石和满天星地鸡血石的总称，地子色彩纷呈，色相多样，伴生着各种血色、血形的鸡血。以黑色花为地的鸡血石，乌黑中包含着红色的鸡血，坚硬中又不失柔情；以红颜色的花为地子的鸡血石，可谓是"红上加红"，激情四射、热烈而奔放；以黄颜色的花为地子的鸡血石，黄红对应，让坚硬的石头平添了不少妩媚；以星星状为地的鸡血石，就好像天上的太阳和月亮，不由得赞叹大自然的神奇力量。花玉地鸡血石的产量较多，各坑洞都有产出，鉴赏这种石头的时候以花样美观和谐、血色艳丽者为佳。
紫云地鸡血石	地子的颜色白、黄色共生融合，外观不透明。肌理中分布或疏或密的深紫色云片状的斑纹，构成一幅云天图。图上有若干点状或条状的鲜红鸡血，美观而有韵味。石质细腻、温润，光洁，石性略软。
木纹地鸡血石	又称"板纹地鸡血石"，地子的颜色有红、黑、青、黄、白等色，诸色成条状组合，构成木板纹路一样的图形，自然流畅。多色彩的条状纹中镶嵌着一条条红色彩纹，就好像夏日里雨过天晴的七色彩虹，绚丽多姿。加上质地浑凝、鲜嫩，历来是鸡血石中难觅的珍品。
大红袍鸡血石	全体通红，就好像戏台上唱戏穿的大红袍。一般布血80%以上者，即可称"大红袍"，又称"全红鸡血"。有时在通红中透出些许白、黄等色冻地，有透气感，更显韵味。石质涩腻兼融，绵润适中，号称鸡血中的"帝石"。此种石头产出极少，大材难求。

昌化刚地鸡血石

刚地鸡血石是辰砂与弱或强硅化的地开石、高岭石、明矾石、硅质成分及微细粒石英的集合体，按照硬度的不同又可以分为硬刚地与软刚地两类。硬刚地鸡血石的摩氏硬度大于5.5度，质地较脆；软刚地鸡血石的摩氏硬度为3度～5.5度，部分质地较细润，有玉肌感，外观不透明，少量微透明，质地上佳者同软地鸡血石相类似，但其石质比较脆，很容易破裂，特别是在受到震荡或者高热的情况下更甚。

刚地鸡血石主要以淡红色、褐黄色为主，大部分都不适合精雕细琢，所以人们大多是将其稍作加工后作为摆件以观赏其自然之美。此类石头的主要品种有：刚白地、刚粉红地、刚灰地、刚褐地等。

方章·昌化刚灰地鸡血石
尺　　寸　3厘米×3厘米×7厘米

昌化刚地鸡血石的质地特点

品种	质地特点
刚白地鸡血石	地子的颜色就好像蛋白一般，粉状感较强，外观不透明，少量微透明。单色居多，有的在粉白中间有褐黄或粉红色斑纹，布局合理的也显得比较有韵味，这一品种属于刚地鸡血石中的上品。
刚粉红地鸡血石	地子的颜色呈浅桃红色，有粉状感，不透明，也有单色和多色两种，这一品种亦是刚地鸡血石之上品。
刚灰地鸡血石	地子的颜色就好像水泥地一样，单色居多，有的间有灰白斑块，分软、硬两种，软的可以受刀。整体石质的外观比较呆板，缺乏通灵感，不透明，光泽不明亮。
刚褐地鸡血石	地子的颜色呈浅棕色或深棕色，外观不透明，石质较呆滞，硬度高，大多数难以受刀。分单色和多色两种。

华夏江山一片红·昌化青玉地鸡血石

尺　　寸　57厘米×80厘米×24厘米

鉴石要点　血色艳丽饱满，地子细润凝结。作者依势雕亭台楼阁，苍松翠竹。底座亦精心下刀，祥云缭绕，如入仙境。雕工细腻，意境高远。

昌化田黄石

昌化田黄石也是昌化石中新添的名品，最初当地人认为这种石头并不值钱，称之为"昌化黄石"。后来有个福建石商用30元钱收了块上好的田黄，几经转手卖到了30万元。当地村民们听说后，蜂拥向山头开始采掘此石。

田黄石的产地

与寿山田黄石相似，昌化田黄石主要分布在沟壑中、山坡上，或者田间的泥土中，本身已经成形，不需要开洞挖掘。这种石头的鲜明个性是"无根而璞，无脉可寻"，呈自然块状，没有明显的棱角；表面包裹厚薄、稀密、色泽不一的石皮；大多数田黄石的表皮都会出现密如织网的细萝卜纹，而且疏密有致、条理不乱，如新出萝卜去皮；块体不大，小者不足两，大者数千克，以至数十千克。昌化田黄石的主要矿物成分是地开石、高岭石。

昌化黄石产在浙江省西部天目山康山岭玉岩山北侧的山坡上，方圆不足十亩，这里土层厚实、雨水丰富。

昌化田黄原石

尺　　寸　8厘米×12厘米

昌化田黄原石

尺　　寸　27厘米×38厘米

鉴石要点　昌化田黄石主要是由地开石和高岭石组成的块状独石。大部分田黄都有石皮，薄厚不等，颜色各异，有黄、白、黑等色。

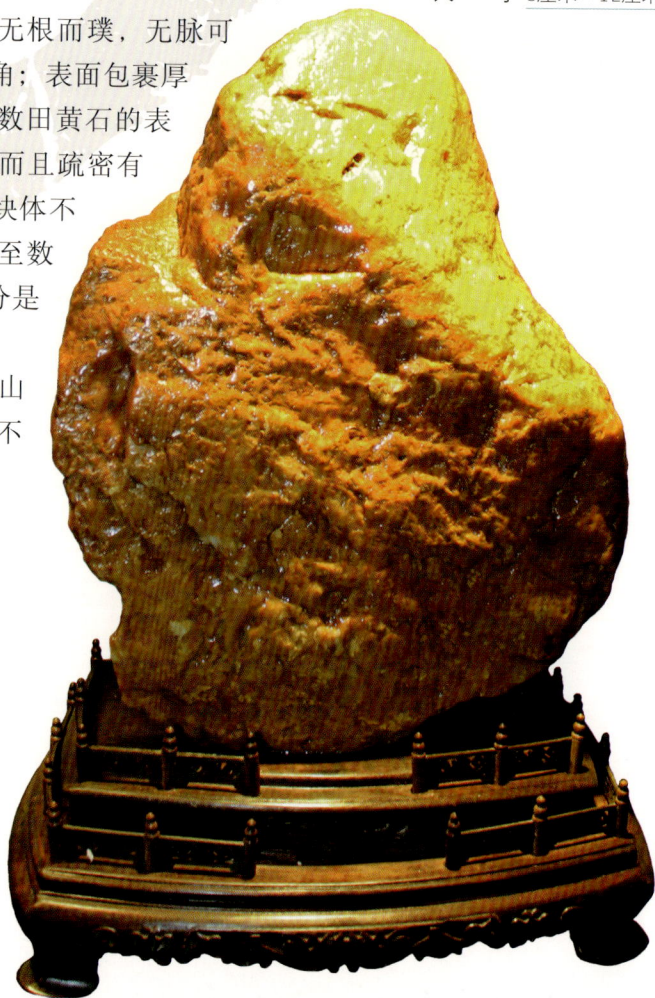

近几年，因黄石能卖上好价钱。所以，当地人大量挖掘，高峰时期，一天竟达上万人次，现在已是资源枯竭，石农家中的好货难寻了。产地石农出售的都是原石，从不剖开，更不剥皮，灯光一照，只要透明，就报以天价，至于是何石种，也不知道，给钱就卖，现金交易，买错不退，这颇像缅甸石农出售翡翠赌石一样，全凭购者眼力。于是，如何在黄石中鉴识田黄，就成为业内人士关注的焦点。

田黄石的质地

昌化田黄石主要是由地开石和高岭石组成的块状独石。大部分田黄都有石皮，薄厚不等，颜色各异，有黄、白、黑等色。石表面包一层浓淡厚薄不均的黑皮者，状如乌鸦之羽毛，俗称乌鸦皮。肌里为黄色，外部包一层白皮的，叫"银裹金"。在田黄石表或一定深度内常出现一种红色脉络状物体，称为"格纹"或"红格"，亦叫"红筋"。其成因是带有裂隙的原生矿石，经外生作用，裂纹逐渐被铁离子染成脉络状。

对弈·昌化田黄石

尺　寸	10厘米×15厘米×4厘米
鉴石要点	石质细腻，通体金黄，鲜艳动人。石上雕刻深山秋野，苍松独立，树木萧瑟，几名老者在松下正凝神对弈，神态各异，独富情趣。

田黄石的六德

学者石巢先生在1982年出版的《印石辨》中，首次谈到福建寿山田黄石具有"石之六德"，即"细、结、温、润、凝、腻"。细：指质地细密，如婴儿之肤；结：内质脂密有毫光，手有滑感；温：与人有相亲的宝气，无火气；润：在手心能天生露珠般的滋润，如露之欲滴；凝：指凝灵，如半透明的冻状；腻：指肌里油溢，用手稍微盘玩一会就会泛起由里往外冒油，如油之欲滴。石巢认为，只有好田黄才具有六德。昌化田黄石也具有"六德"的特征，其组成矿物颗粒很细小，光泽好，手摸有滑感。由于昌化田黄石与寿山田黄石相近，但价格却远远不如后者昂贵，所以近年来一些石商去昌化玉山，高价收购"昌化黄石"中的精品，雕刻加工后以寿山田黄石向外出售。

按照昌化石协会的昌化石标准草案，昌化田黄石可分为特级、优级、一级、二级共四个等级。

五老图·昌化田黄石

尺　　寸　10厘米×9厘米×8厘米
鉴石要点　采用浮雕技法，表面雕刻崇岩峻岭、苍松密桐，松荫下五老正观太极图，山石、松树、人物层次分明，立体感强。

昌化田黄石等级及技术要求

名称	等级	技术要求					
		颜色	质地	瑕疵	摩氏硬度	质量	密度
昌化田黄石	特级	纯黄色，橘黄色、蜜蜡黄色，水淡黄色。	质地纯净，结构细腻、温润，透明至半透明。	无杂、无绺、无裂。	2~4	原石大于0.3，成品不要求。	2.4~2.7
	优级	纯黄色，橘黄色、蜜蜡黄色，水淡黄色。	质地纯净，结构细腻、温润，透明至半透明。	无杂、无绺、无裂。	2~4		2.4~2.7
	一级	纯黄色，橘黄色、蜜蜡黄色，水淡黄色。	质地略粗燥，微透明至不透明。	无裂，略有杂质和绺纹。	2~4	不要求	2.4~2.7
	二级	纯黄色，橘黄色、蜜蜡黄色，水淡黄色。	质地粗燥，微透明至不透明。	有裂纹，有杂质，绺纹较多。	2~4		2.4~2.7

和合二仙·昌化田黄石

尺　　寸　10厘米×8厘米×5厘米

鉴石要点　和合二仙是明清以来十分常见的雕刻题材，其原型为唐贞观年间台州奇僧寒山、拾得。据《宋高僧传》所载，二僧状若颠狂，寒山常"布襦零落"，"以桦皮为冠，曳大木屐"，动辄"呼唤凌人"，"望空漫骂"；拾得曾以杖击伽蓝神像，有"呵佛骂祖"之风。传说中还有很多关于二人神迹的轶闻。而于民间造型艺术中出现的寒山常手捧一盒，拾得则持一荷，谐"和"、"合"二字之音，寓同心和睦之意。

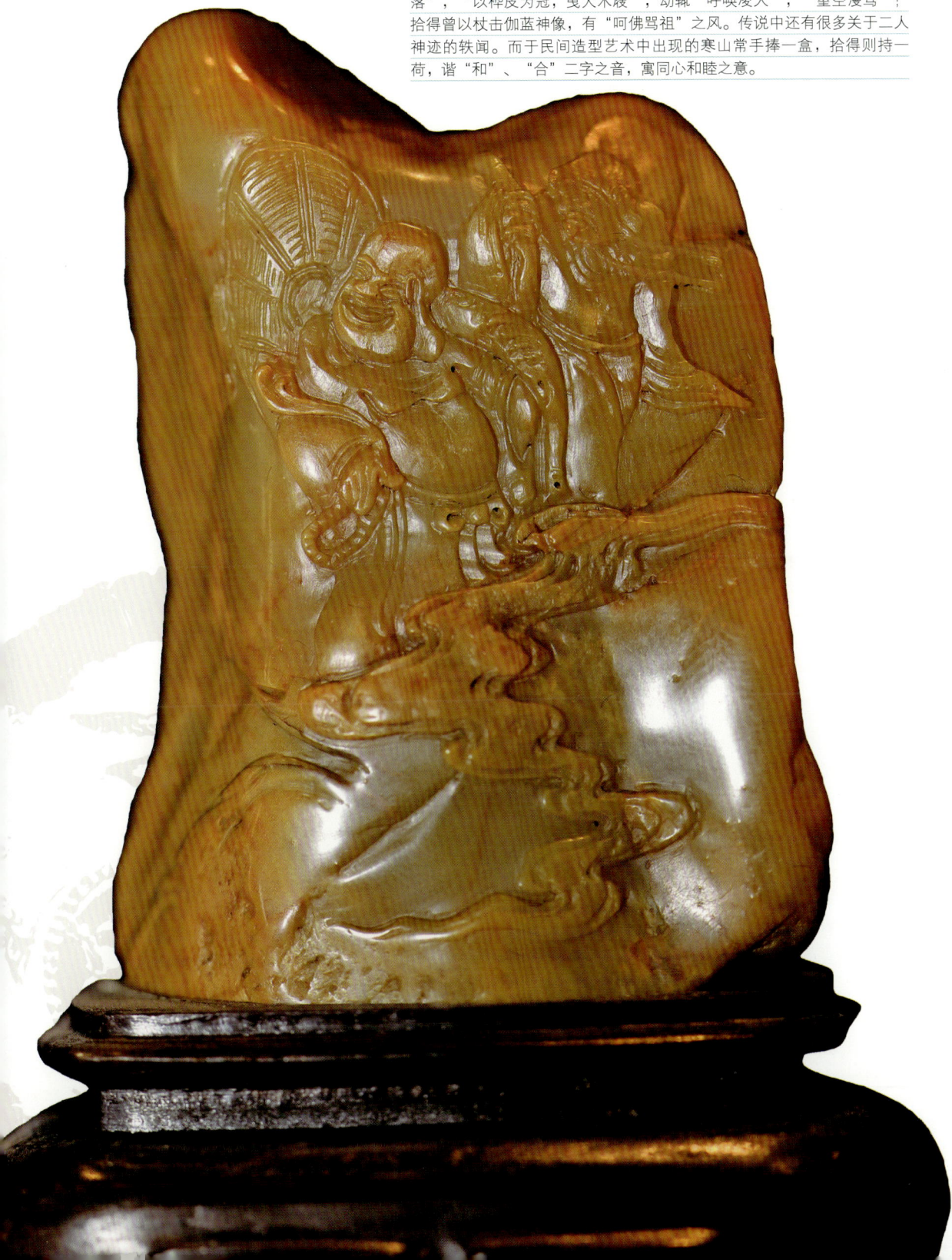

昌化冻石

昌化冻石也称"昌化彩冻石"，此类石头的特点是外观清亮、晶莹、细腻、温润，半透明至微透明，具有强蜡状光泽或油脂光泽。主要成分为比较纯的地开石、高岭石，摩氏硬度2～2.5度，很容易受刀。昌华冻石根据颜色又可分为单色冻和多色冻两类，其中以后者居多。其中一部分掘采出的冻石，外裹石皮，内质优良，称"昌化掘性冻石"。昌化冻石属于昌化石中的上品散布于其他围岩中，有的呈卵状小团块，与其他矿石界限清晰，大块的冻石比较少见。

昌化冻石品种较多，按照其外观颜色分类主要的有牛角冻、羊脂冻、田黄冻、玻璃冻、肉糕冻、朱砂冻、桃红冻、五彩冻、玛瑙冻、银灸冻、鱼子冻、红霞冻、芙蓉冻、艾叶冻、翡翠冻、蓝星冻、豆青冻、酱色冻、灯光冻等。

和和美美·昌化石牛角冻鸡血石

尺　寸　6厘米×10厘米

鉴石要点　和合二仙题材，以圆雕及镂雕技巧刻画二小童形象，均立于湖石上，侧身回首，一童子手擎荷花，另一个捧盒，颇富童趣。

普度·昌化彩冻石

尺　　寸　14厘米×14厘米×8厘米

鉴石要点　石质细腻通透，题材在达摩一苇渡江的基础上，增加了两位老者和一童子，寓意"普渡众生"。达摩头顶光亮，四周毛发卷曲，唇、鬓蓄须，两老者仙风道骨，潇洒飘逸。

羊脂冻

羊脂冻是昌化冻石中质地上佳的品种之一，其外表呈现羊脂（俗称羊油）一样的白色，其表现为：温润坚密、纯净洁白、状如凝脂。在内蒙古的巴林石中也有羊脂冻石，两者的区别是昌化羊脂冻地色显得厚重、稍微发灰，而巴林羊脂冻石透明度更高，地色显得鲜亮、明快。

红霞冻

在浅黄、灰白或青灰地上伴生赭色或褐红色块，如夕阳西下或旭日东升时的朵朵红霞。半透明，色彩明朗。它与青田彩霞冻相似，其主要区别是彩霞冻地色偏黄、红霞冻色泽富有变化，两者透明度相差无几。

芙蓉冻

玉白色，半透明，光滑脂润，玉肌感强，偶有其他色彩丝纹伴生，石性柔和细腻，易受刀。寿山石和巴林石中均有芙蓉冻，寿山芙蓉冻石种类较多，按照颜色还可分为白芙蓉、黄芙蓉等，巴林芙蓉冻石是白中透黄。

寿星·昌化牛角冻鸡血石

尺　　寸　23厘米×10厘米×9厘米

鉴石要点　牛角冻地温润凝练，作者依形就势，圆雕寿星造型，将寿星的眉宇、须发、衣褶雕刻得犹为细腻。

蓝星冻

嫩蓝泛白，布有墨蓝星点或条纹，半微明或微透明。质地温雅深邃，通体晶莹，星点散布自如者亦为稀罕珍品。青田石中有一石种叫封门蓝星石，是近年来市场上比较热捧的石种，与昌化蓝星冻相比，青田蓝星石呈紫蓝色，在白色的地子上星点分布，有的密集，有的稀疏。如果是呈条带状，则称为青田蓝带。

牛角冻

灰黑色中略渗浅黄，带有牛角剖面的纹理，半透明，富有光泽，石性绵，质地细腻，易受刀。典型的牛角冻属昌化石品种中珍品之一，求之不易。目前牛角冻的范围已经扩大，人们把深灰黑色的冻彩石，只要光亮通灵，即使稍有杂质都包揽在牛角冻之列。所以，现今的牛角冻有偏黑、偏黄等色和有纹理和无纹理之别。巴林石和寿山石中也有牛角冻石，与昌化牛角冻相比，巴林牛角冻石的颜色主要以灰黑为主，透明度较高。其实，昌化石的命名和巴林石有很多相似之处，这也反映出巴林石与昌化石的品相有一定的相近性。寿山牛角冻石颜色赭黑，黑中透出红气，石头的肌里有牛角一样的纹理。

渔家乐·昌化牛角冻石

尺　寸 18厘米×22厘米
鉴石要点 老人面露微笑，发髻高耸，身披蓑衣，周边鱼儿跳跃，生态轻盈，一派欢乐之气。

嫦娥奔月·昌化牛角冻鸡血石

尺　寸　30厘米×44厘米
鉴石要点　质地细腻，有零星的鸡血呈丝带
　　　　状分布其上，雕刻的嫦娥鹅蛋
　　　　脸，形象古典秀美，体态婀娜，
　　　　气质娇柔。

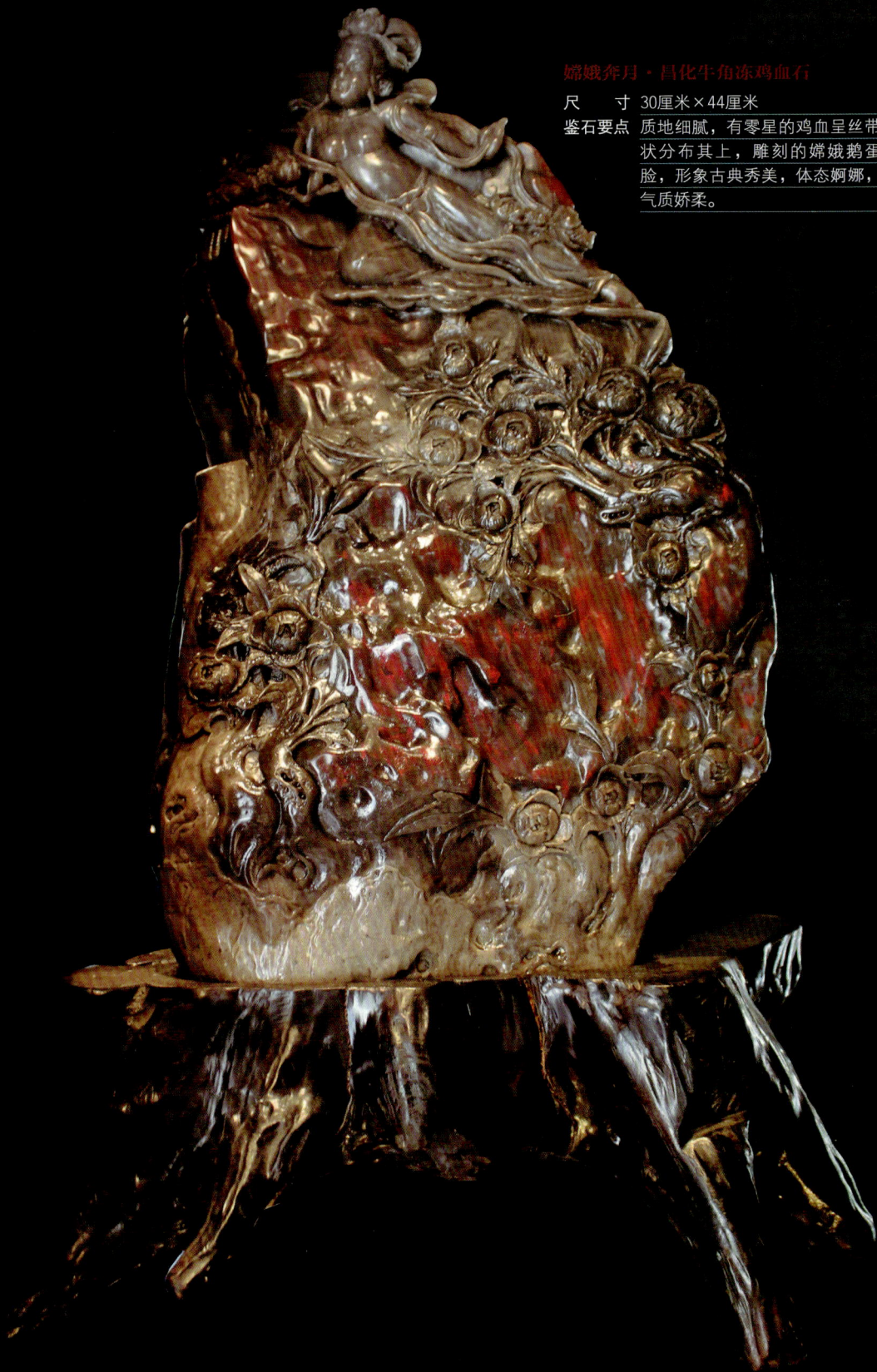

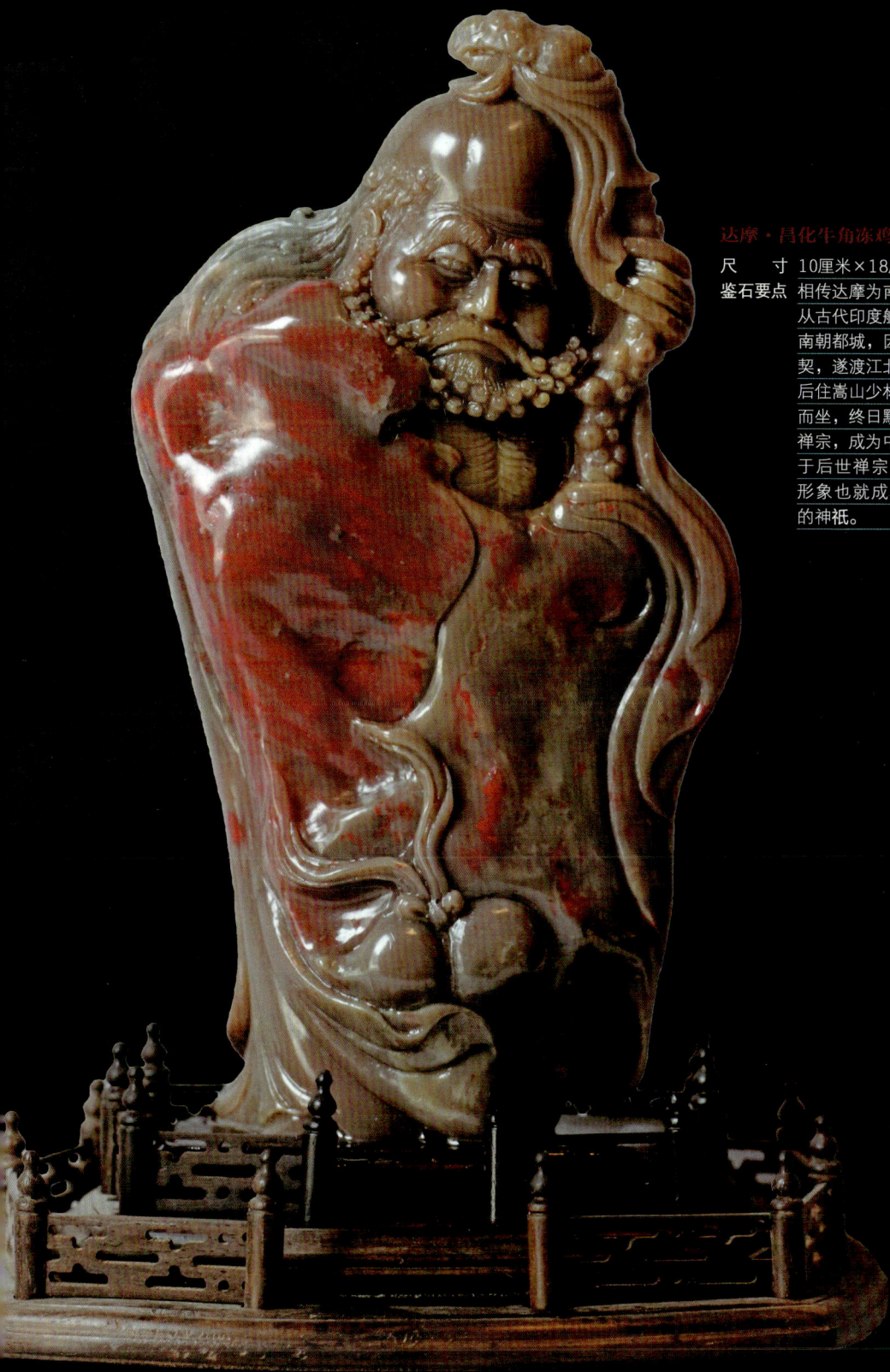

达摩·昌化牛角冻鸡血石

尺　　寸 10厘米×18厘米

鉴石要点 相传达摩为南天竺人，南朝时从古代印度航海到广州，转至南朝都城，因与梁武帝面谈不契，遂渡江北上，先到洛阳，后住嵩山少林寺。"九年面壁而坐，终日默然"，最终创立禅宗，成为中国禅宗初祖。由于后世禅宗受到独尊，达摩形象也就成为僧俗共同尊崇的神祇。

空谷幽兰·昌化牛角冻鸡血石

尺　寸　30厘米×40厘米
鉴石要点　深灰色牛角一般凝结通灵的地上，红色象暗夜里燃烧的火焰，光彩照人，鲜艳夺目。

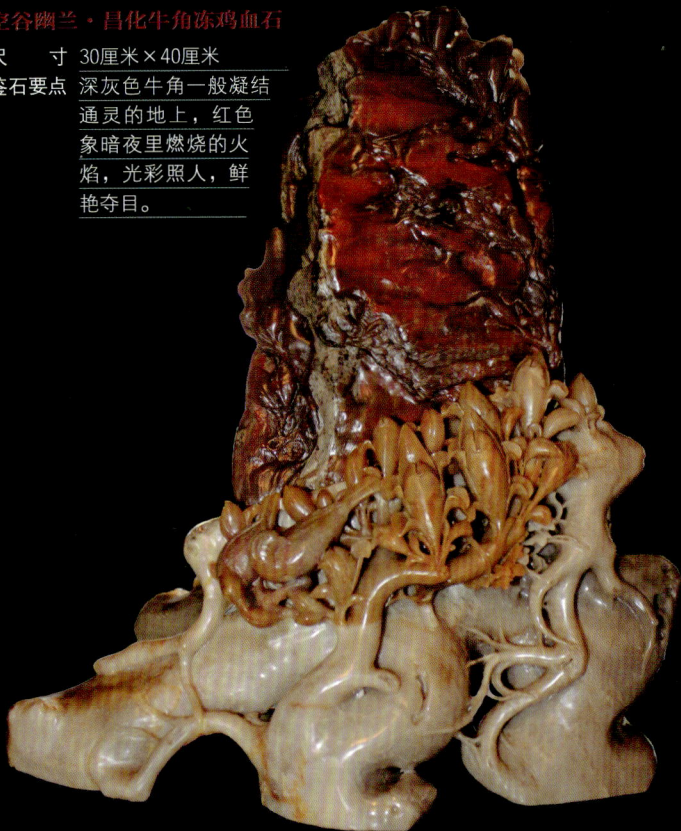

对章·昌化牛角地鸡血石

尺　寸　1.2厘米×1.2厘米×4厘米
鉴石要点　清新秀丽的一对鸡血石方章，那一抹不经意的红，如同天上的浮云，透露着清幽文雅的韵味。

随形印章·昌化牛角冻鸡血石（正侧背）

尺　寸　1.9厘米×8厘米
鉴石要点　灰黑色的地色中略渗浅黄，带有牛角剖面的纹理，浓艳的鸡血如梅花一样飘洒其上，美观大方。

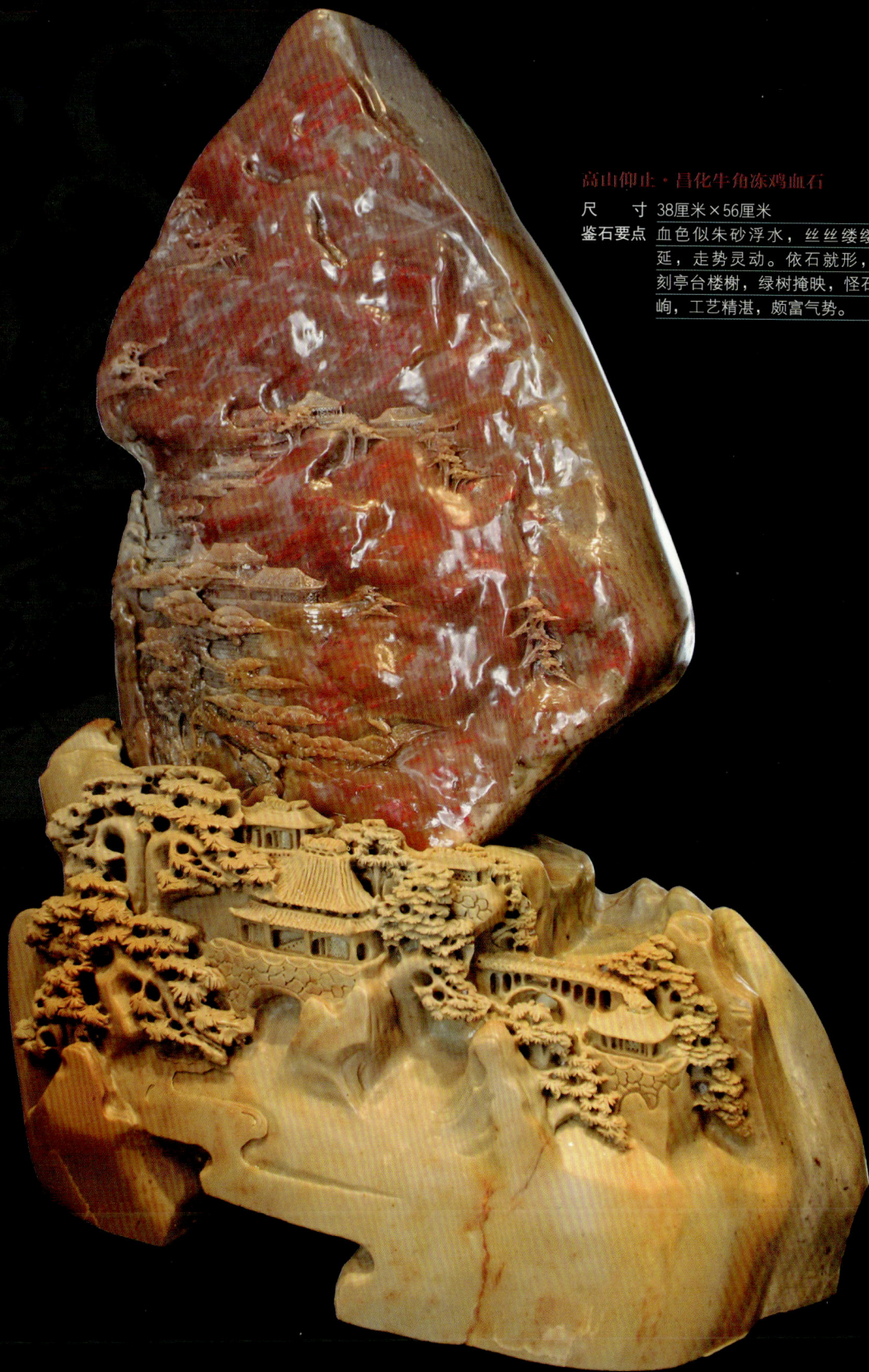

高山仰止·昌化牛角冻鸡血石

尺　　寸 38厘米×56厘米

鉴石要点 血色似朱砂浮水，丝丝缕缕蔓
延，走势灵动。依石就形，雕
刻亭台楼榭，绿树掩映，怪石嶙
峋，工艺精湛，颇富气势。

朱砂冻

外观紫黑色，或棕红色。偏黑者如黑枣，称黑朱砂；偏红者如红枣，称红朱砂。微透明。此石质沉稳、润泽，实而不燥，是产量较少的优质石材。

朱砂冻往往同白、黄、红等色伴生，形成逼真自然的画面。多产于老坑，极为难得，属冻石之珍品。

别有洞天·昌化朱砂冻石

尺　寸	20厘米×24厘米×11厘米
鉴石要点	石质细腻温润，在黑紫的材质中间包着一层黄色，借此雕刻松柏、瀑布、老翁，别有洞天。

桃红冻

颜色呈粉红色，色泽明亮，质纯而细润，多为半透明状，由于其玉质感较为明显，所以又称"玉红冻"。桃红冻石极易受刀，刻成作品视觉主题突出，能充分表达意境，属于昌化冻石中的上品。

巴林石中也有与之类似的石种，如桃花冻、瓜瓢红等，其中桃花冻石颜色淡粉偏白，瓜瓢红的颜色黄中泛红，有时候还会出现一跳跳红筋。

寿山水坑石中有一种叫做桃花冻的石种，但不是全红，而是在白色的地子上布有片片深红或浅红的细点，就好像一片一片的花瓣漂浮在水面上一样。

早生贵子·昌化桃红冻石

尺　寸　32厘米×24厘米×11厘米

鉴石要点　"金谷风露凉，绿珠醉初醒。"作品因势造型、依色取巧，沉甸甸的果实挂满枝头，饱满圆润，鲜嫩欲滴，寓意"早生贵子"。

龙腾祥瑞·昌化桃红冻石

尺　　寸　24厘米×14厘米×12厘米

鉴石要点　"有美为鳞族，潜蟠得所从。标奇初韫宝，表智即称龙。"祥云卷曲，龙的造型威猛，体态丰腴道健，细节处刻画一丝不苟，寓意吉祥。

五彩冻

　　黄、红、白、青、紫等颜色集中于一块石头之上，有的重叠交错，有的层次分明，微透明到半透明，外观十分艳丽。五彩冻产出较多，细分起来，还有以某一种色块为主的彩冻，如黄花冻、白花冻、红花冻、黑花冻、银花冻等。巴林石和青田石中也有五彩冻，其中青田五彩冻石石质细腻，半透明至近透明，其上同时呈现多种颜色，是非常少见的佳品。与昌化五彩冻石相比，巴林五彩冻石也有丰富的颜色，但各种颜色的纹路较为明显，不如前者变化丰富。

昌化彩色冻原石
尺　　寸　11厘米×10厘米×6厘米

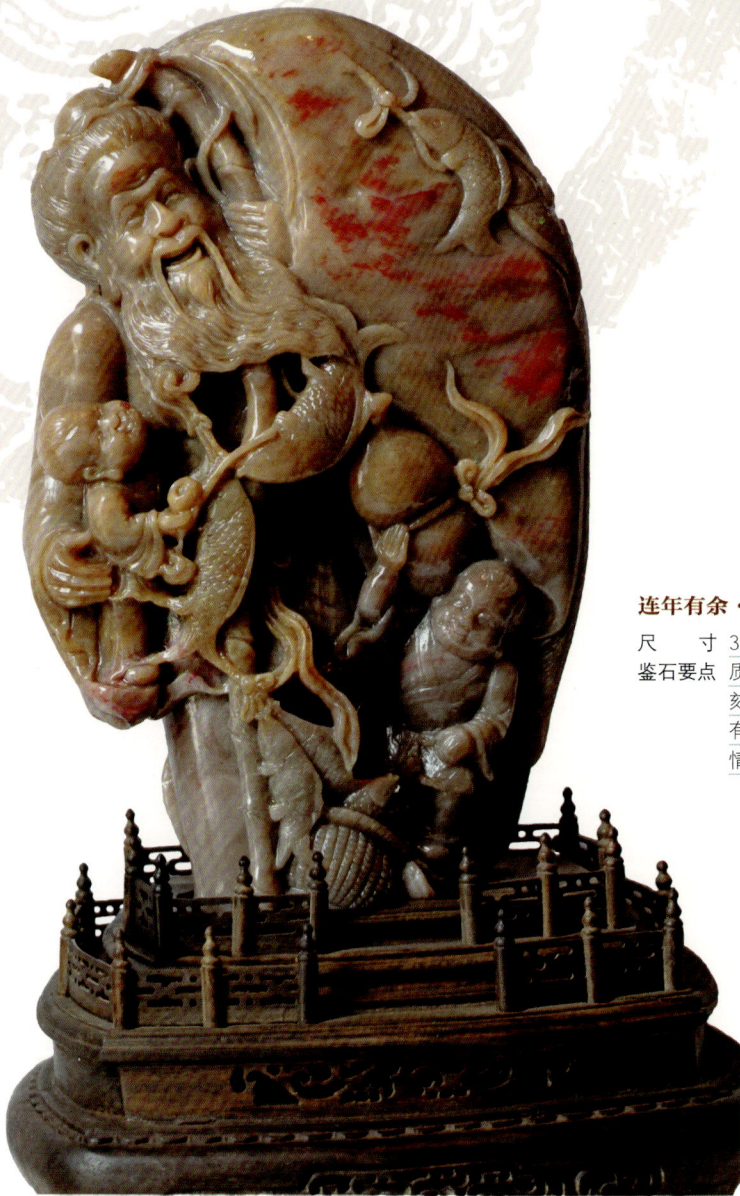

连年有余·昌化糯米冻鸡血石
尺　　寸　35厘米×25厘米
鉴石要点　质地细腻温润，采用圆雕技法雕刻一渔翁，渔翁斜跨鱼钩，钩上有鲤鱼翻跃，左右有两小童，表情活泼，憨态可掬。

糯米冻

彩色冻石是昌化石中品种最为丰富的一类，除了上述种类外，昌化冻石还有玻璃冻、虾青冻、鱼脑冻、松皮冻、橘皮冻、黄金冻、蜂巢冻、珍珠冻、雪花冻、冰凌冻、竹叶冻、水草冻、鱼子冻、芝麻冻、木纹冻、流沙冻、豆青冻、雪花冻等，其大多是按照石材表面的颜色和纹理而定，在此不一一赘述。

总的来看，这些传统的分类命名方法有的太繁琐有的不直观，即使是昌化石的雕刻和销售业者都能很难详尽地说出这些种类和各自的特征，不太符合商业需求。

其他品种

昌化冻石的评价与其他石种类似，主要将颜色、质地、透明度、净度、块度等作为指标，单一色彩的冻石内部矿物成分单一，断面具贝壳状、颜色纯净、层次分明，整体透明到半透明，其表面细润光洁，有明显的油脂光泽，此类是冻石中的极品。对于石雕艺人来说，这一类石种质地细软特别容易受刀，在创作表现中的感觉相当惬意。

与之相反，如果矿物成分复杂，特别是有较多粒状矿物出现时，会降低冻石的光泽和透明度，且颜色暗淡。但是，对大块度的原材料则非常注重其裂隙发育程度的判断与鉴别，也就是看其内部是否有裂纹，整体的色泽变化等，在评估和鉴别时一定要具体问题具体分析，切不可生搬硬套，以免出错。

龙壁·昌化藕粉冻鸡血石
尺　寸　21厘米×26厘米
鉴石要点　质地细腻，温润如脂。血色鲜红浓郁，密密分布在石上，色泽浑厚滋润，气势动人。

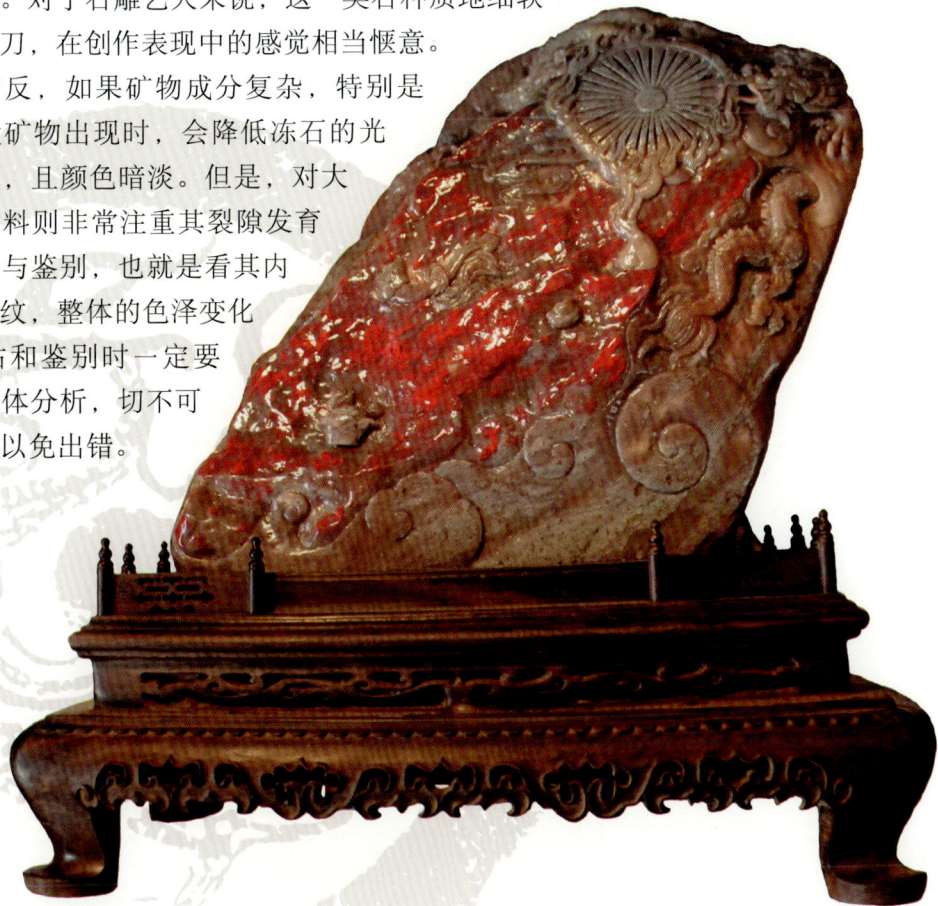

昌化奇石

昌化奇石又称昌化巧石、昌化图案石，是自然生成的色彩斑斓、奇巧、意境独特、别具一格的一类石头。这类石种的特点有的是造型别致有的是石材上面的图案、纹理奇巧，其艺术魅力就突出"巧"、"奇"这两个字。

昌化鸡血原石
尺　寸　10厘米×3厘米×16厘米

鬼斧神工的魅力

昌化奇石属于观赏石一类，人们喜爱石材本身的形状或者外表的图案、纹理。不论是昌化鸡血石还是昌化冻石或彩石，凡具备以上特征的，均归此类。对它的命名，一般根据石材表面图案的主题和意境而定。

如果说昌化石雕主要展现的是雕刻师刀下的功夫，那么昌化奇石就完全是靠石头本身的魅力，其最重要的一点是石材表面未经任何人工雕琢，它的美丽主要是依靠地质作用形成的，突出的是大自然的"鬼斧神工"，展现出一幅幅锦绣万千的画卷。

奇石种类

昌化奇石主要包括两大类：一类是外形本身奇特的昌化象形石，也叫造型石，这类奇石的主要特征是具有各种新奇美观的造型，展现的是立体形态美，大多是在各种外力地质作用下形成的；另外一类是经过将表皮打磨后露出内部精美图案或者纹理的昌化图案石，也叫昌化画面石。昌化图案石的主要特征是有清晰、美丽的各种纹理、层理、斑块，常在石面上构成艺术图案，其形成原因主要与岩石本身的特性有关。

市场走势

从昌化石的整个市场情况来看，目前昌化奇石主要以图案石为主，但图案石的销售在整个昌化石市场上所占的比重较小，其原因是如果是昌化鸡血石，无论是其构成的图案或者纹理如何精美，人们在选购的时候主要是因为其是鸡血石，其图案造型是次优选择；如果是昌化冻石，则大多会进行雕刻出售。

昌化田黄鸡血原石
尺　寸　12厘米×5厘米×16厘米

评定标准

对昌化奇石的鉴评也没有严格的标准，这方面可参考国土资源部制定的《观赏石鉴评标准》，其评价指标包括图像、纹理、意韵、质地、色泽、命题、配座等7部分，各部分的具体指标为：

1.图像（40分）：图像清晰，画面完整，有整体感；

2.纹理（10分）：清晰自然，曲折有序，花纹别致；

3.意韵（20分）：文化内涵丰厚，意境深远，形神兼备，情景交融；

4.质地（10分）：韧性大，石肤好，光洁细润；

5.色泽（10分）：色泽艳美，协调性好；

6.命题（5分）：立意新颖，贴切生动，富有文化内涵；

7.配座（5分）：材质优良，工艺精美，烘托主题，雅致协调。注：个别石种允许切割、打磨、抛光。

按照上述标准，观赏石的等级分为：特级类，总计评分91～100分；一级类，总计评分81～90分；二级类，总计评分71～80分；三级类，总计评分61～70分。

昌化原石

尺　　寸　17厘米×27厘米

鉴石要点　鲜红的鸡血在黑色地子上零散分布，就好像暗夜里的山林大火一样，耀眼夺目。

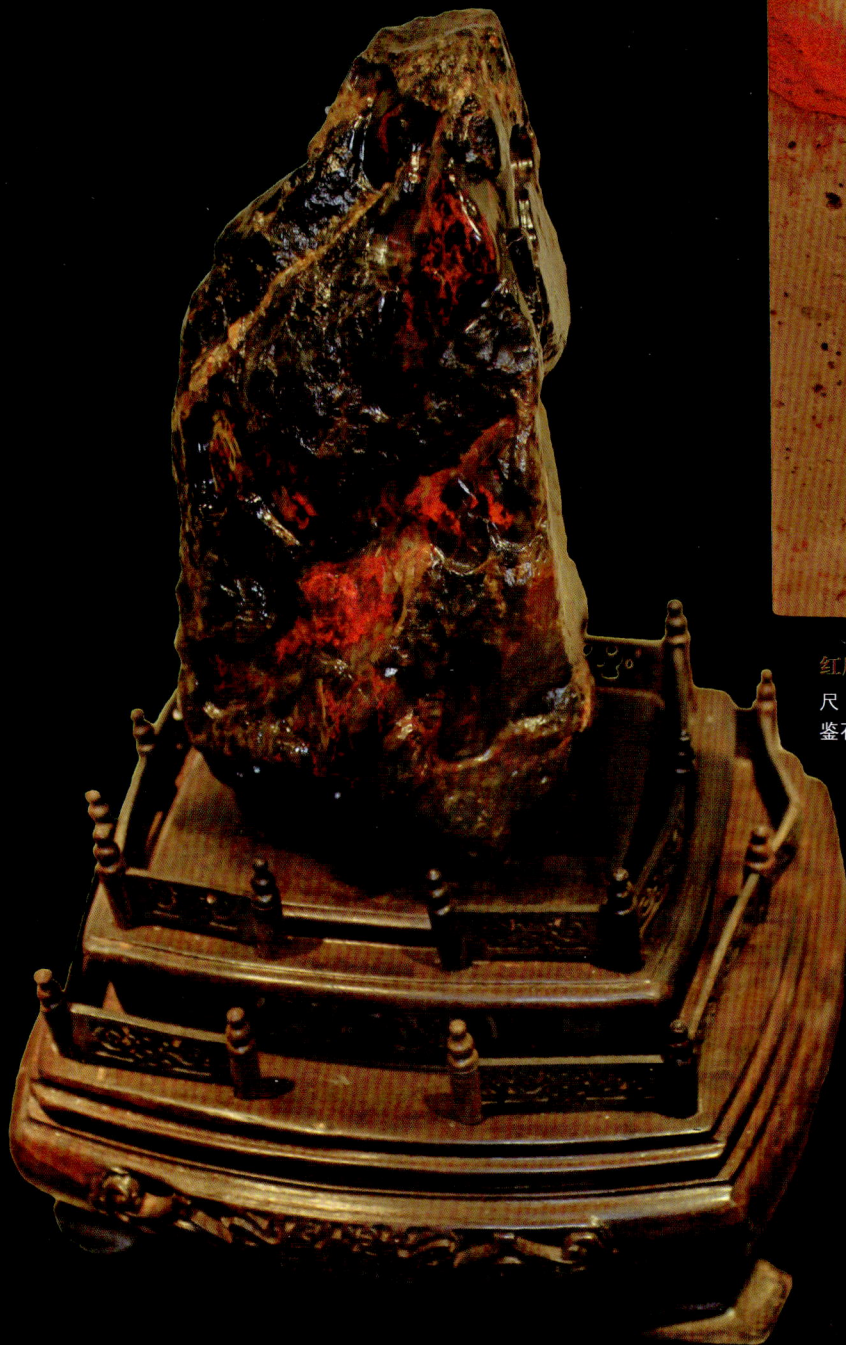

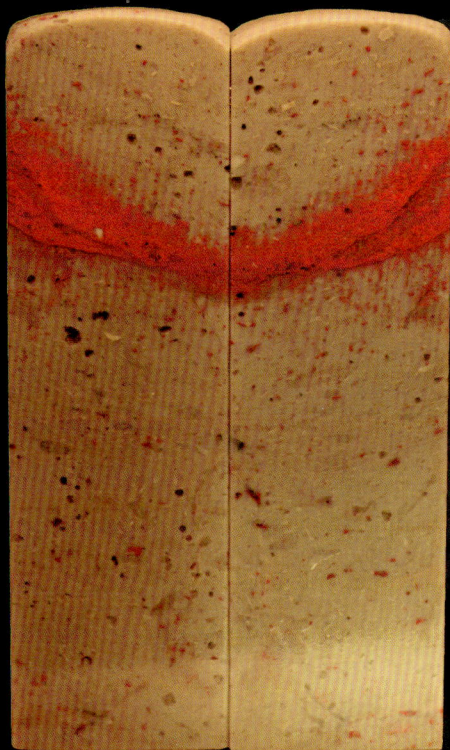

红鹰展翅印章·昌化图案石

尺　　寸　3厘米×3厘米×7厘米

鉴石要点　浅灰的地子上，集中分布着一缕鸡血，就好像红鹰展翅一般，构图奇特，造型美观。

玄鸟·昌化田黄鸡血随形摆件

尺　寸 34厘米×30厘米

鉴石要点 昌化田黄鸡血石经过打磨掉外皮后露出鸡血部分，石材表面的图案就好像中国古代先民崇拜的"玄鸟"图腾一般。《诗经·商颂·玄鸟》中说"天命玄鸟，降而生商"，相传商契的母亲简狄在郊外，因吞玄鸟之卵怀孕而生下商契，于是玄鸟便成为商族的图腾。

大好河山·昌化鸡血石

尺　　寸　30厘米×21厘米

鉴石要点　石质冻透，天然形成的色层错落有致，上部如旭
日染红云层，中部一抹艳丽的血色划过天际，自
然天工，充满奇趣。

第三章

独一无二的魅力，

行家疯狂收藏的昌化石全知道

昌化石摆件的雕刻工艺

雕刻石的摩氏硬度一般要小于4，只有硬度小才容易用雕刻刀进行工艺加工制成图章、砚石或摆件等。昌化石的摩氏硬度在2~5度之间，所以其大多数是非常好的雕刻材料。昌化石雕刻的工艺流程大致分为选料布局、打坯、凿坯、精刻修光、配垫、打光上蜡等几大工序。

层林尽染·昌化黄玉地鸡血石
尺　寸　14厘米×14厘米×17厘米
鉴石要点　鸡血石星星点点飘落在淡黄色的石面上，石上镂雕松柏、楼阁，造型简单别致。

选料布局

选料大致可分按料选题和按题选料两类。按料选题就是拿到一块昌化石毛料，根据毛料的形态、质地确定其适合雕刻的题材。这种做法首先是要对一块石料作最基本的判断，先要考虑其是否结实，脆软。

然后根据石料的形态、质地、色彩等进行精心设计。石雕和一般的绘画雕塑相比，既有确定主题、选择题材、经营位置、刻划形象的共性，更具有受到既定物质材料强烈制约的个性。所以，石雕从布局开始就要"因材施

84

艺"，艺人往往要将石料摆在案头，横摆斜置，细致观察，反复构思，当面前的石料与脑中的某一灵感图像相契合，产生创作冲动时，才挥锤握凿，确立作品雏形。

一件好的昌化石作品，在构思前首先要了解昌化石毛料的外形内质。当得到一块毛料时，首先应树立一种观念，就是只能在这块料形、色、质允许的有限范围内做文章。它的形状、皮色或内在的一点一丝变化，往往都是激发作者创作的主要因素。由于昌化石天然形成，在构思、设计、剥料过程中，出现颜色、绺裂分布突然变化，应随机应变，促使构思逐步完善，成熟。

与按料选题相反，按题选料是雕刻者先有主观构想，然后再去石场寻找合适雕刻这一作品的石料，或者是准备雕刻某一类题材的作品，然后对石料作针对性的选择，主要从作品的要求方面考虑。比如，雕刻人物题材就要求石色纯净文静，花鸟题材的石料则选择绚丽多彩为佳。山水题材的石料最好是形态突兀多变，精雕作品则要求石料质地优良，石色丰富。许多题材还要求石料有一定的体积。

一个好的素材，是凝聚了石雕艺人的才智、学识、修养、审美的综合能力。见多识广、博才众艺才能开阔视野、活跃思路，面对不同的昌化石毛料，才能看出不同形象来。一个故事，一句成语，都会成为最佳结合。

有经验的雕刻艺人会选取适于发挥自己艺术特长的石头；还会在众多的毛料中选取适于销路需求和便于加工的石头。这些被选取的毛料，应该具备一定的形状、色泽、纹路，并少有裂纹和砂钉，以利于雕刻和加工。

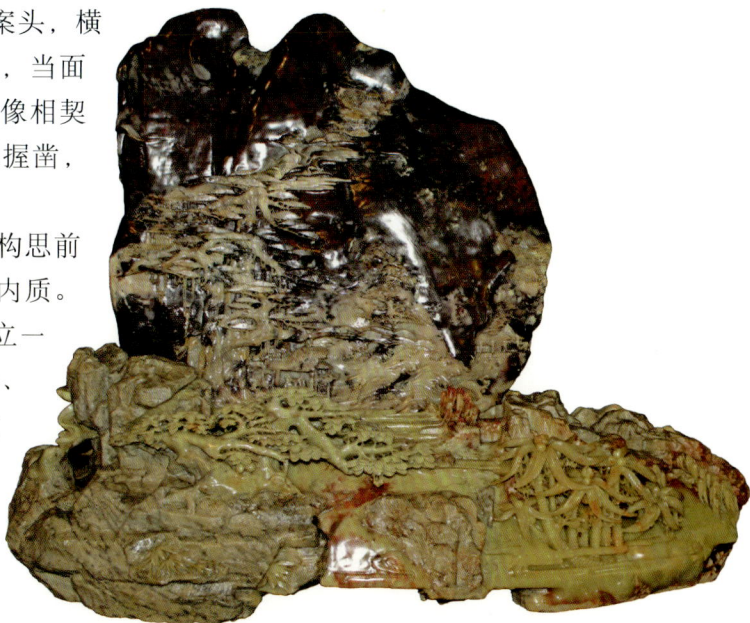

松鹤延年·昌化朱砂冻石

尺　寸　70厘米×60厘米×厘米

鉴石要点　俏色巧雕，在黑紫的地子上将白色的石皮雕刻成松柏、仙鹤等造型，黑、白、紫三色映衬明显，视觉效果突出，寓意"吉祥长寿"。

锦绣山河·昌化石

尺　寸　70厘米×52厘米

鉴石要点　血色鲜艳雄厚，色泽端庄大气，造型敦厚，亭台楼榭成片相连，树木高大结实，寓意"根基稳固"。

松枝傲骨·昌化荔枝冻鸡血石

尺　寸　66厘米×50厘米×28厘米
鉴石要点　形态质朴厚重，温润细腻，鸡血就如绚烂的北极光一般，自上而下挥洒在山林间。苍松枝叶繁茂，躯干遒劲，楼阁气势宏伟，整个造型端庄大气。

石头一般分椭圆形、长形、扁平形、圆形、锥形等。椭圆形、长形石材可直竖亦可横放，各种技法均可施行，一般雕刻者喜欢选用。扁平形石料宜选用薄意、浮雕、镂雕等技法。圆形石料宜于花果篮、器皿或盆等类立体雕刻。锥形石头多用于把玩类雕件的制作。对石形的选择运用无固定模式，它与创作者的艺术素质及技艺有关。

打坯

打坯是着手雕刻作品的第一步，用打坯凿大刀阔斧地劈削出作品的外轮廓，景物的大块面，以最简炼、概括的手法，将构思变成视觉形象。

打坯有两个主要目的，一是整理石头，二是把作品的大体轮廓（即坯）用减法凿出来。所谓整理石头一是将作品底盘打清楚，使作品摆放角度恰当，能站稳；二是把石面上的皮、砂钉等处理清楚，使一些潜在的好石头（行话叫"肉"）或需要化解或取俏的部位暴露出来，以便更好地利用。打坯的第一刀往往从作品的"点睛"处开始，然后逐渐拓展，当遇到石头有新情况时，又要因石（势）利导，随石（机）应变。每每打坯要用上十几种卡凿，因此传统雕刻艺人有一个属于雕刻功夫外的功夫——磨刀。刀不锋利，就打不出或打不好准确的切面。

凿坯

凿坯是继打坯之后的雕刻工序，它用的是手凿。手凿一头是木制的手把，另一头就是刀口。凿坯旨在将打坯后的粗坯凿实。如果说打坯是勾画作品轮廓的话，那么凿坯就是将这一轮廓描实，使原本的平面有了凹凸变化，看见了衣褶、毛发、肌肉、山峦、树木、花卉、枝叶等等，使原本的五官位置上"长出"了器官……凿坯不仅仅是在雕刻细节，也是在处理局部与整体，结构与空间，形状与骨肉，动态与静态、点线与平面，重心与方向等关系。凿坯同样需要雕刻艺人"胸有成竹"的功力。

精刻抛光

精刻主要是刻画作品的细微之处，达到传神的效果。比如刻画人物的眼睛、嘴唇等以表现其内心世界，刻画动物的神态、皮毛等以表现其灵动，刻画花卉蔬果就要从枝叶、果实等处表现其饱满圆润。精刻除了表现雕刻主体的神韵外，还要注意对石材上面的瑕疵、绺裂等进行去除或者掩饰，以减少其对整个作品艺术形式的损害。

幸福家园·昌化牛角冻鸡血石

尺　　寸　55厘米×63厘米×20厘米
鉴石要点　浅灰色的冻地上布满鲜红明艳的鸡血，血量饱满，血色深红，韵味古雅，宁静深邃。林青云雕刻。

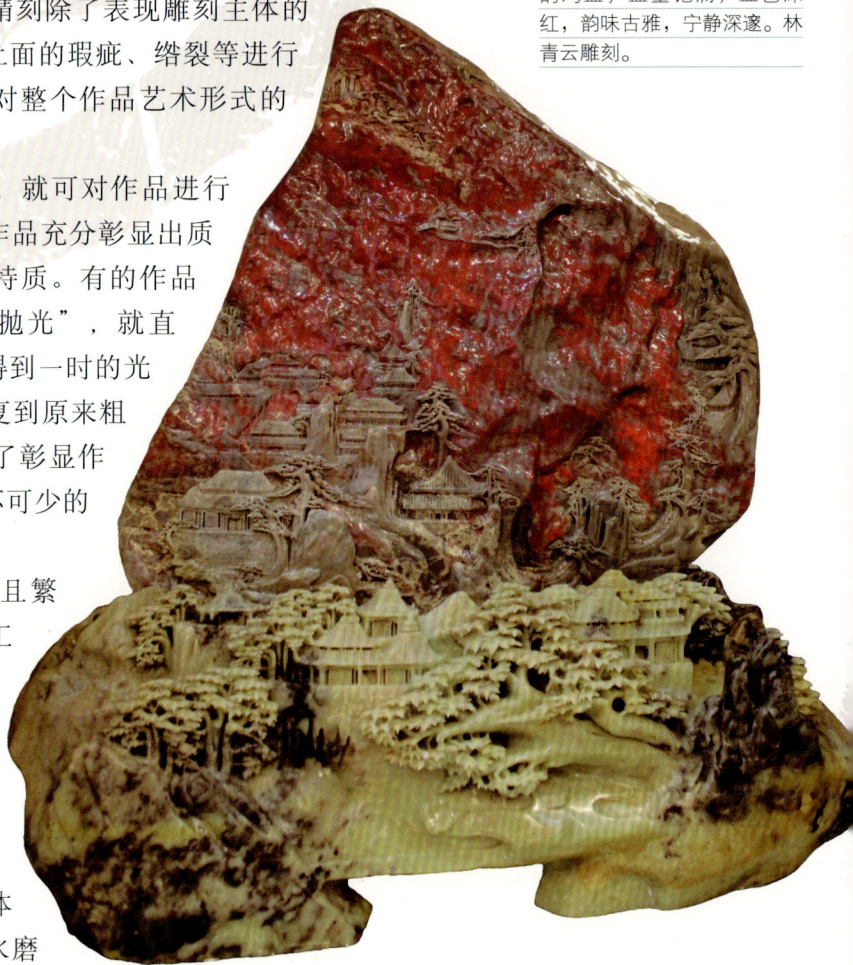

在精刻的工序完成后，就可对作品进行抛光处理，目的是为了让作品充分彰显出质地细润及色泽纹理变化等特质。有的作品不进行抛光或仅做粗略"抛光"，就直接抹油上市，虽然抹油会得到一时的光润，但时间长了还是会恢复到原来粗糙含白粉的状态，所以为了彰显作品的光泽，抛光处理是必不可少的一步。

抛光是一项极为细腻且繁复的专业技术，所使用的工具主要是砂布和砂纸，砂布是用来打磨比较粗糙的表面，对于细致的部分就要使用砂纸。砂纸又分为干磨砂纸和水磨砂纸，干砂纸一般砂面呈白色，基体为乳胶纸，柔软性较好，水磨砂纸砂面一般是黑色，背面是牛皮纸，材质比较硬，使用的时候要在水中或者加水打磨，切不可干磨。昌化石抛光一般是加水或者在水中进行，所以也主要使用水磨砂纸。在砂纸的后面都标有号数，砂纸的型号越大越细，型号越小砂纸越粗。

如果石雕的表面粗糙、有明显的刀痕或不平整，那么可以首先用60或120号的砂布将表面磨平，打磨时用力要均匀，防止磨偏。

在将表面处理平之后就需要用水砂纸进行精细抛光了，先用较粗的砂纸比如500或800号的砂纸，最后用2000、3000或5000号水砂纸打磨。打磨时最好的方法是边打磨边用水冲洗，这样打磨后的砂砾随时会被水冲走，进而能时刻感受到石头表面是否平滑。需要注意的是，每次换砂纸，都要用水彻底清洗一下石头，尤其要把凹处、边角积下的污垢清除干净。

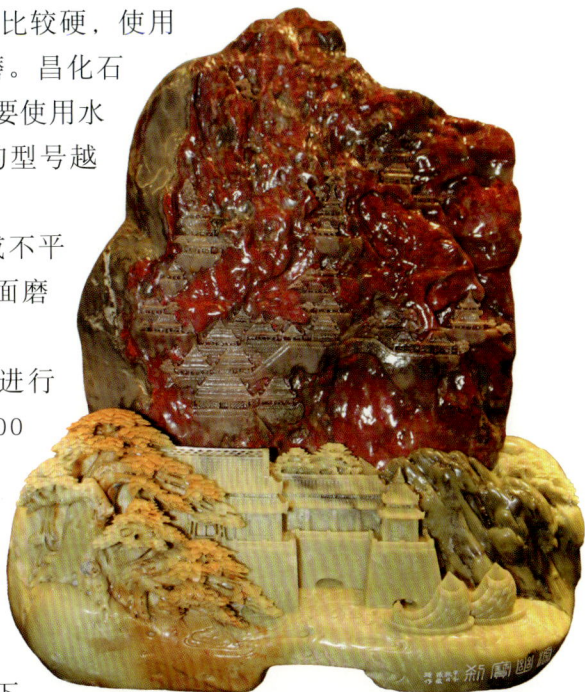

深幽宝刹·昌化石

尺　寸　90厘米×60厘米
鉴石要点　鸡血石晶莹剔透，斑斓迷人，上面浮雕鳞次栉比的山峦楼阁、藏龙卧虎的幽谷等，无不使人感受到大自然的美丽与奋发向上的精神乐趣。张爱廷雕刻。

配座装垫

昌化石主体雕刻完工后，对于一些大的雕件就需要给其配一个底座，底座的作用一方面是为了让雕件放得稳当，另一个很重要的作用是，合适的底座能够衬托出昌化石的美观。俗话说"好马配好鞍"，一个上等的昌化石雕配上一个绝佳的底座，无疑会让昌化石的观赏价值陡增数倍。

石雕的底座有用优质的木材雕刻，也有用平板或凹形石充当。昌化石一般用优质木材，如红木、花梨木、樟木、杜鹃木等，其中以紫檀木为最高贵。

也有用根雕等材质制作，这类底座追求古朴、高雅或现代。座架的刻纹多为流水行云状，也有刻上树头、花鸟的，平矮座架一般用典雅而简朴的几何图案刻饰装点。不过，现在还有很多昌化石，配以流畅简单的线条底座，更加显出石雕的现代艺术之感。上乘精品的昌化石雕，还得专门给配个案几，合适的案几更能衬托出观赏性。

不过，在给昌化石配底座的时候要切忌喧宾夺主。石雕和座之间，石雕永远是第一位的，属于主角，座只能是陪衬，属于补充。

座的存在目的就是为了让石雕能够稳当站立，使石雕的主题可以一目了然，以更加方便人们赏析把玩。所以，最好的配座是能够把人们的目光长久地吸引到石头上。有人为自己的石头配了远比石头大得多且很花哨的底座，使石头反而成了点缀，就属于典型的本末倒置，已经不再是为石头配座，而是为座子配石头了！显然不可取。

另外，底座要忌修饰过度。应该承认，配座有为石头藏拙补缺作用，适当修饰是允许的，但必须要有限度。

八仙过海·昌化虾青冻鸡血石

尺　　寸 50厘米×30厘米，6厘米×10厘米（单）
鉴石要点 石质温润细腻，地色呈虾青色，采用圆雕技法雕刻"八仙"造型，"八仙"乃古代神话传说中的8位神仙：铁拐李、汉钟离、蓝采和、张果老、何仙姑、吕洞宾、韩湘子与曹国舅。

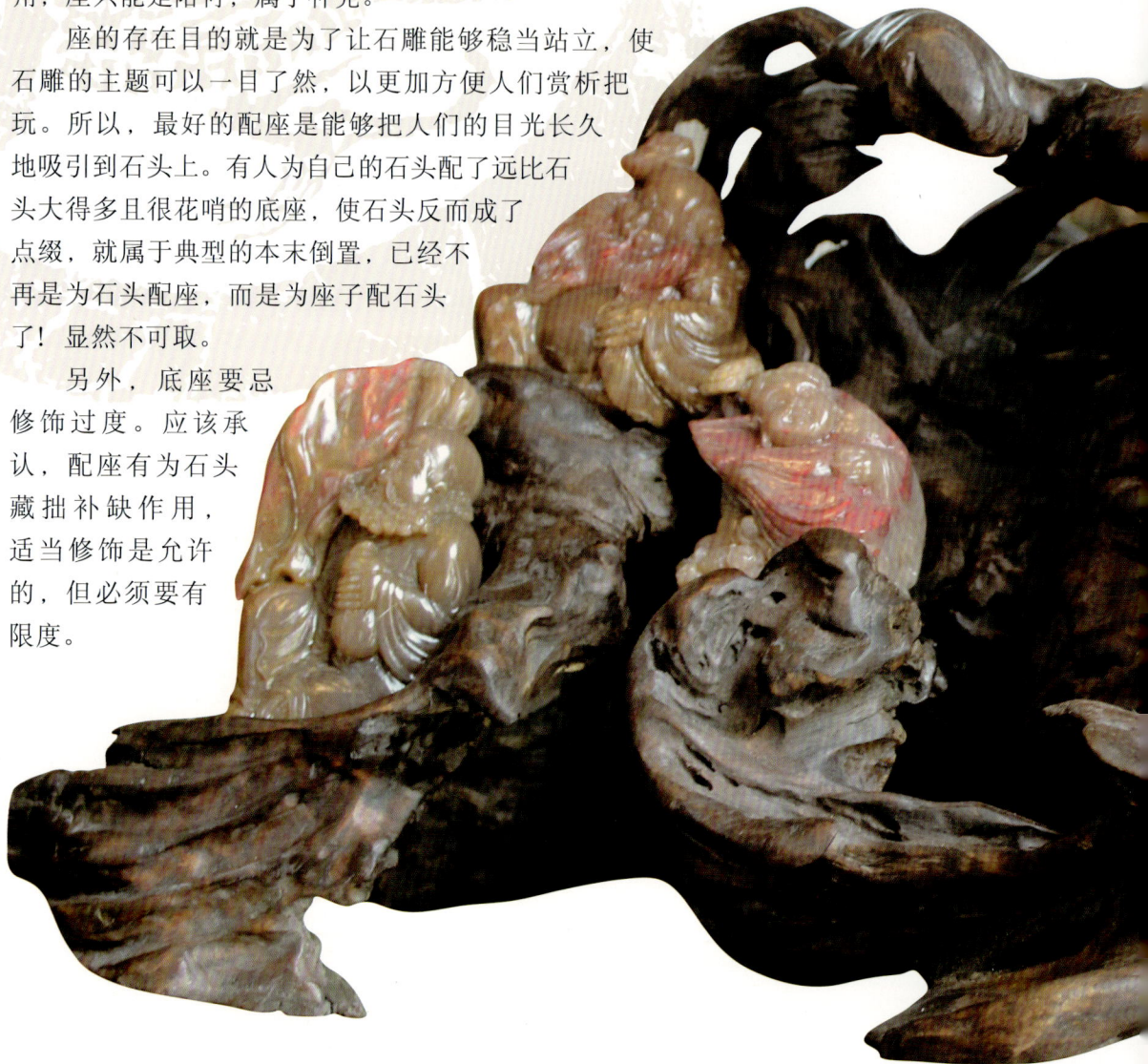

上蜡保养

昌化石雕在磨光或罩色处理后，需要上一层薄蜡，以保持石质的稳定。上蜡所用的原料是以四川白蜡65%和东北软蜡35%渗合溶化而成的中性蜡块。

上蜡前，先将石雕加热至100℃～150℃，用毛刷蘸取溶化了的蜡液薄涂外表，涂均匀后缓缓降温冷却，再用软质麻布细心揩擦，直至焕发光泽。

昌化石上蜡保存，可以历久而不失光彩，很少有出裂、失亮现象。这也是收藏者保护昌化石藏品和欣赏藏品的一大关注点。

八仙过海之铁拐李·昌化虾青冻鸡血石
尺　寸　6厘米×10厘米

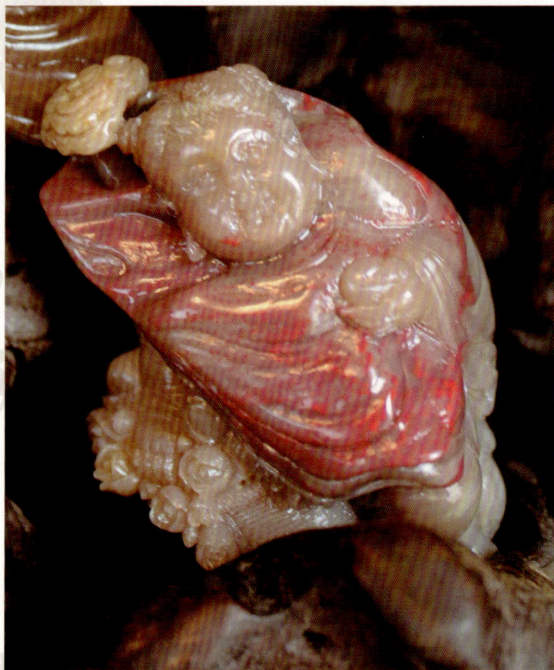

八仙过海之蓝采和·昌化虾青冻鸡血石
尺　寸　6厘米×10厘米

八仙过海之汉钟离·昌化虾青冻鸡血石
尺　寸　6厘米×10厘米

八仙过海之吕洞宾·昌化虾青冻鸡血石
尺　寸　6厘米×10厘米

八仙过海之曹国舅·昌化虾青冻鸡血石
尺　寸　6厘米×10厘米

八仙过海之韩湘子·昌化虾青冻鸡血石
尺　寸　6厘米×10厘米

八仙过海之张果老·昌化虾青冻鸡血石
尺　寸　6厘米×10厘米

八仙过海之何仙姑·昌化虾青冻鸡血石
尺　寸　6厘米×10厘米

镂空雕常与其他雕刻技法结合使用，成为整件作品的一个组成部分。由于镂雕用刀受到很多限制，操作不易，艺人不仅需要有高度集中的注意力，更要有熟练的圆雕基本功。

浮雕

浮雕是雕刻艺人在一块平展的石料上将他要塑造的形象雕刻出来，使它脱离原来材料的平面。浮雕是雕塑与绘画结合的产物，用压缩的办法来处理对象，靠透视等因素来表现三维空间，并只供一面或两面观看。

浮雕一般是附属在另一平面上的，因此在平整石料上使用更多，用具器物上也经常可以看到。由于其压缩的特性，所占空间较小，所以适用于多种环境的装饰。浮雕为图像造型浮突于石料表面，是半立体型雕刻品。根据图像造型脱石深浅程度的不同，又可分为浅浮雕和高浮雕。浅浮雕是单层次雕像，内容比较单一；高浮雕则是多层次造像，内容较为繁复。浮雕的雕刻技艺和表现体裁与圆雕基本相同。古今很多大型纪念性建筑物和高档府第、民宅都附有此类装饰，其主要作品是壁堵、花窗和龙柱（早期）及柱础等。

鸿运山庄·昌化鸡血石

尺　　寸　30厘米×70厘米×23厘米
鉴石要点　石质温润细腻，血色艳丽，采用浮雕技法雕刻苍松、仙鹤、楼阁，造型饱满，气宇轩昂。

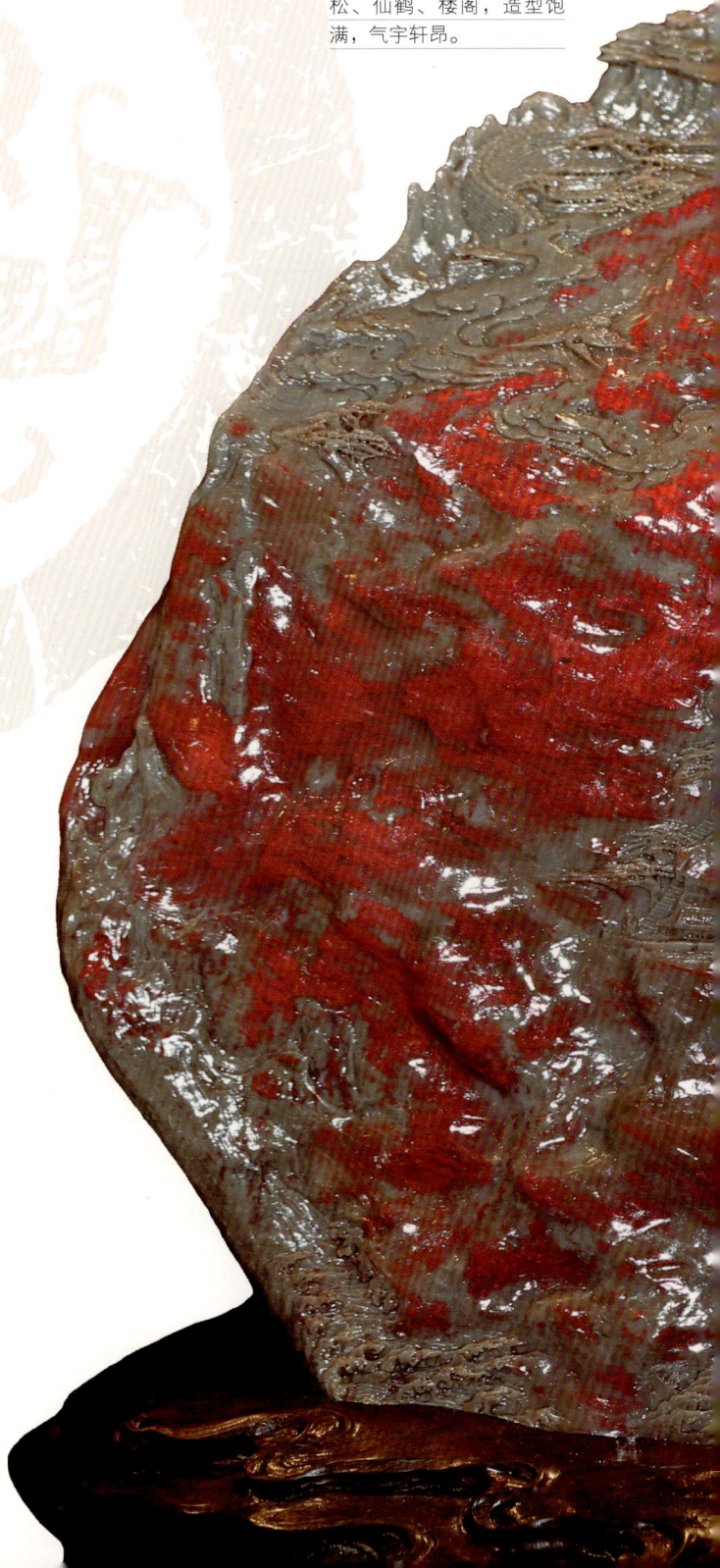

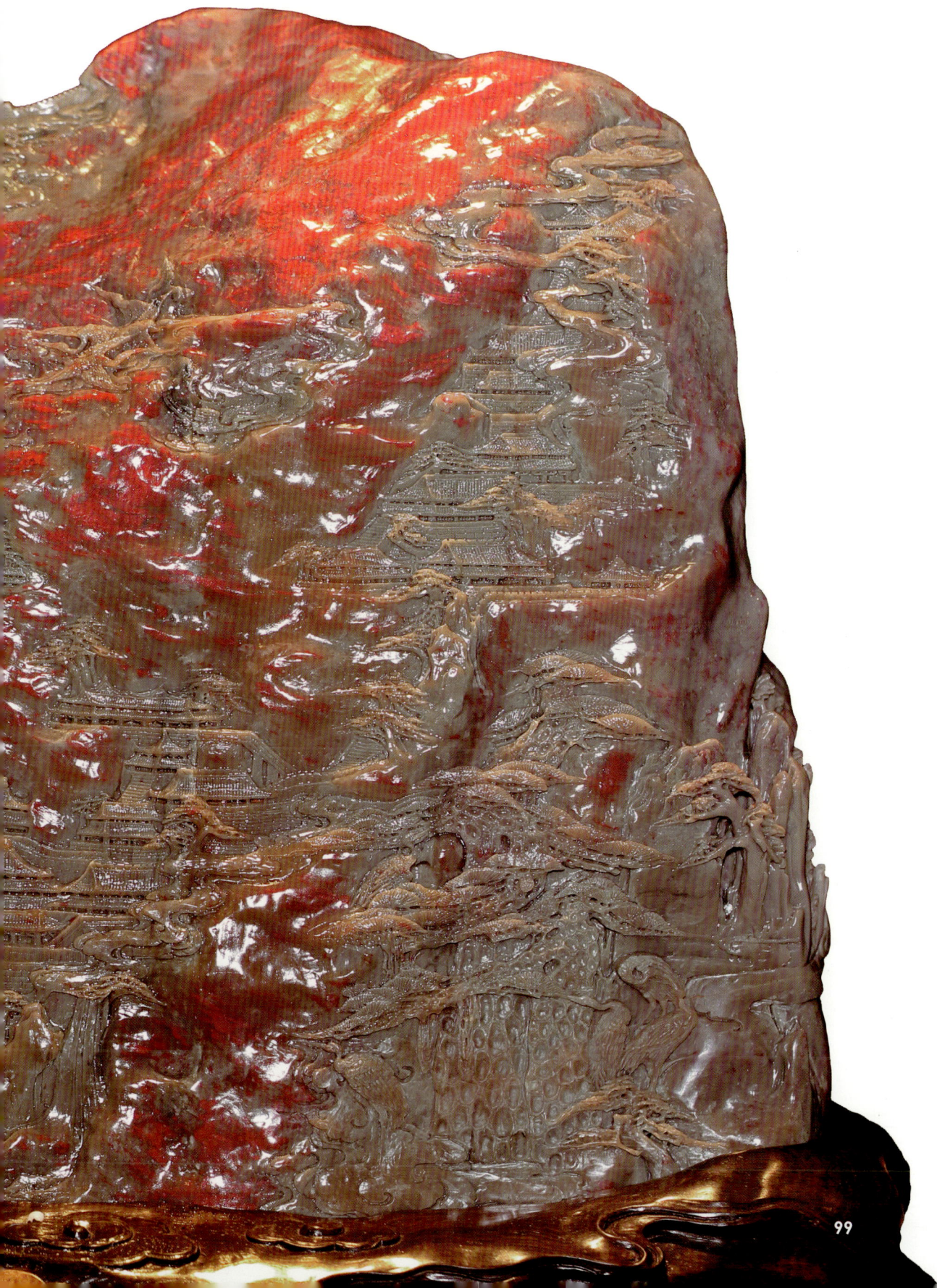

宏伟蓝图·昌化鸡血石

尺　　寸　21厘米×8厘米×30厘米

鉴石要点　灰黑的地子上，鸡血漫天而降，就好像纷纷扬扬的冬雪，石上用镂雕和浮雕技法雕刻松柏、仙鹤等，造型挺拔，用青田蓝钉石做底座，寓意"宏伟蓝图"。

松鹤延年·昌化鸡血石

尺　　寸　30厘米×4厘米×39厘米

鉴石要点　石质温润凝结，细腻通灵。血色醒目、明快，色调和谐、光泽艳丽。血脉呈片状分布石体，犹如彩云悬挂空中，浪漫而又富有活力。

指日高升·昌化田黄石

尺　寸　7厘米×10厘米×4厘米

鉴石要点　采用薄意技法雕刻，两老者松下高
谈阔论，其中一人高举左手，顶部
是一轮红日，寓意"指日高升"。

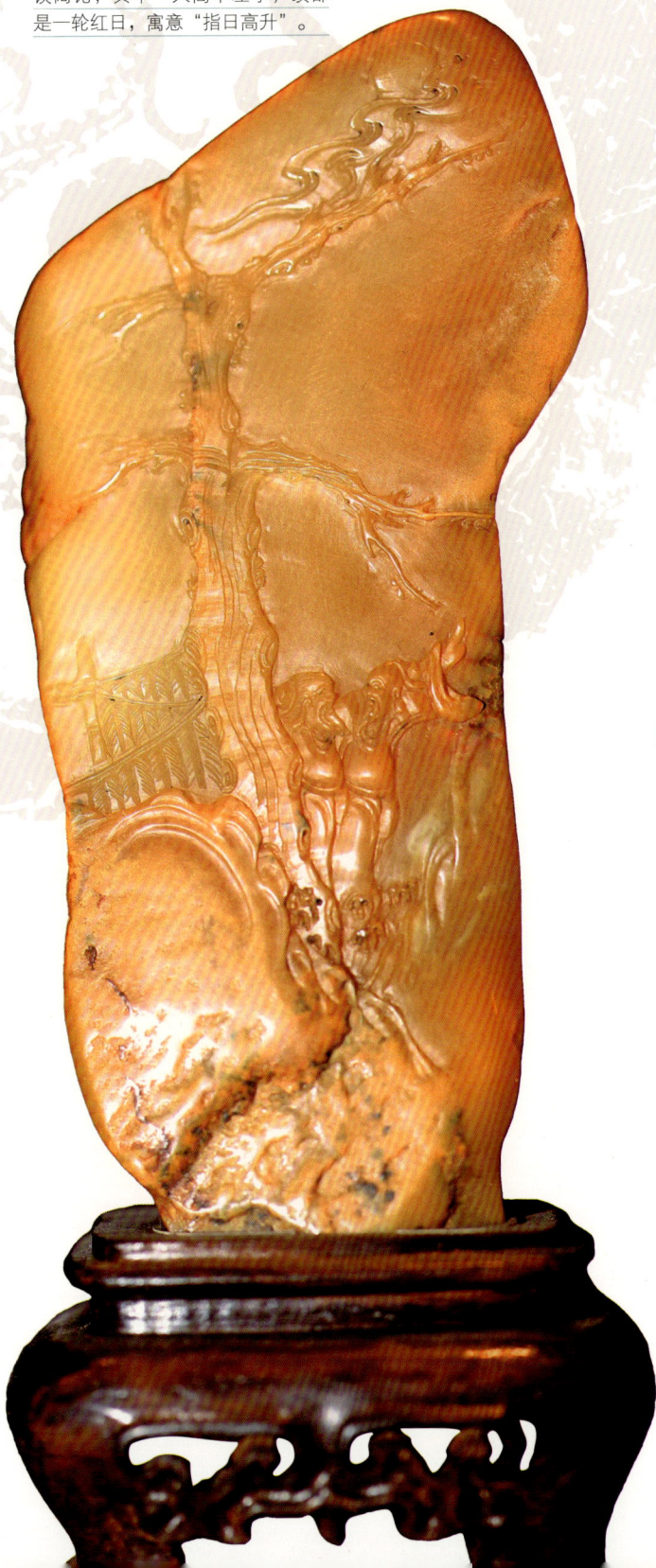

浮雕相对圆雕的突出特征是经形体压缩处理后的二维或平面特性。浮雕与圆雕的不同之处，在于它相对的平面性与立体性。它的空间形态是介于绘画所具有的二维虚拟空间与圆雕所具有的三维实体空间之间，在平面背景的依托下，圆雕的实体感减弱了，而更多地采纳和利用绘画及透视学中的虚拟与错觉来达到表现目的。与圆雕相比，浮雕多按照绘画原则来处理空间和形体关系。但是，在反映审美意象这一中心追求上，浮雕和圆雕是完全一致，不同的手法形式所显示的只是某种外表特征。

薄意

薄意这种技法最早来源于寿山石雕刻，在昌化石上也多用于昌化田黄石。著名的书画金石家潘主兰曾指出："薄意者技在薄，而艺在意，言其薄，而非愈薄愈佳，固未能如纸之薄也；言其意，自以刀笔写意为尚，简而洗脱且饶韵味为最佳，耐人寻味以有此境界者。"薄意雕刻艺术面世较晚，才有百余年的历史，是从浮雕技法中逐渐衍化而来的。

薄意比浅浮雕还要"浅"，因雕刻层薄而且富有画意，故称"薄意"。薄

意雕刻素以"重典雅、工精微、近画理"而著称，它融书法、篆刻、绘画于一体，是介于绘画与雕刻之间的独特艺术，正因如此，优秀的薄意作品往往具有超凡脱俗的艺术魅力，特别富有欣赏价值。

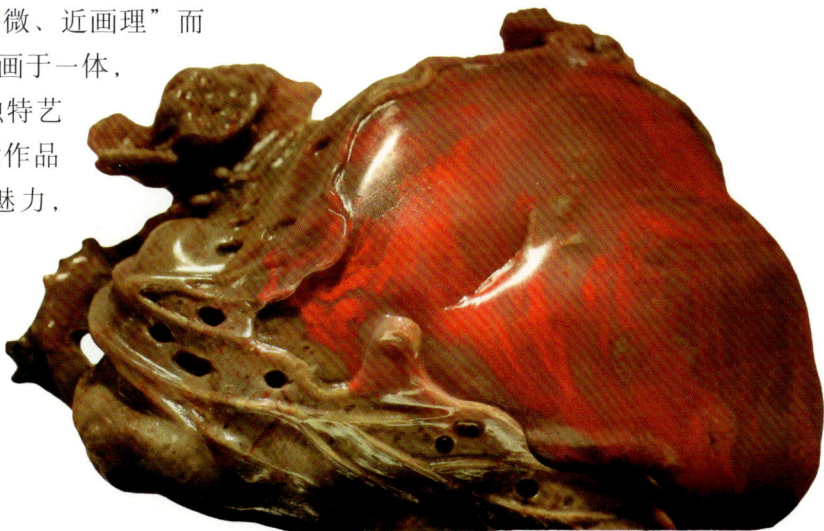

出淤泥而不染·昌化鸡血石

尺　　寸　9厘米×33厘米×8厘米

鉴石要点　石质清透，颜色鲜艳明亮，鸡血如天边的云霞，耀眼夺目，圆雕一荷花造型，寓意"出淤泥而不染"。

闲云野鹤·昌化鸡血石

尺　　寸　28厘米×26厘米

鉴石要点　通体布满鸡血，色泽鲜艳，质地细腻，石上镂雕松柏、仙鹤等题材，形态生动活泼，一派闲散。

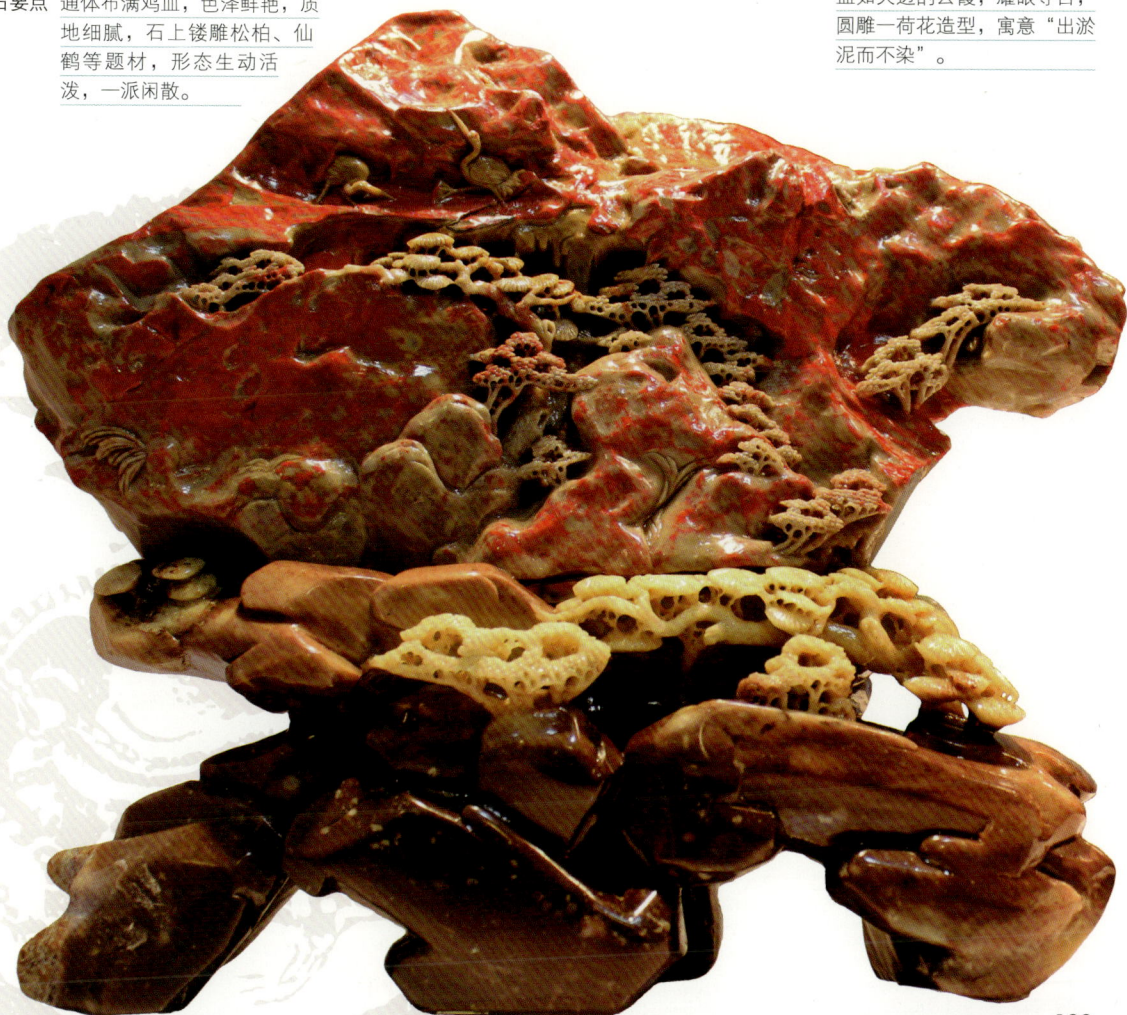

宏图霸业·昌化鸡血石

尺　　寸　21厘米×7厘米×30厘米

线刻

线刻，是以刀代笔在石雕上刻划出来的阴线。诸如人物的须发，服饰图案，动物的皮毛、鳞片，山水的屋宇瓦楞，花卉的叶筋，炉瓶、印盒上的装饰图案等都广泛应用线刻技法。它如中国画中的白描一般，十分讲究线条美。

俏色巧雕

俏色巧雕是艺人利用石材的颜色、皮色，纹理，使之融合到创作题材之中，起到画龙点睛作用的一种技法。

巧雕是玉石工艺独有的一种表现形式，是玉石行业难度极高的绝活。自古以来，雕玉之前是要先去除玉皮、夹石、绺裂和色泽不好的部分，才能施以工艺。不过，用玉皮的颜色作为玉器的巧色来点缀玉器，增加玉器的观赏性、艺术性，早在秦汉已有。

发展到现代，由于人们对玉石的喜爱，造成了玉石原料被无止尽地开采，原料越来越稀缺，作为一种能够很大程度保留玉石原有体积分量的雕刻工艺，俏色巧雕被更多更广泛地应用于玉石雕刻之中，在现代绝大部分的玉雕作品中，都能看到俏色巧雕的影子，这已经成为了现代玉石雕刻的主流。

除了利用玉石的皮色俏色外，玉石本身可能多种颜色共存，为了不破坏玉石原料的完整性和体积，或是为了让石雕本身更具欣赏价值，石雕艺人也会利用着多种颜色进行俏色。俏色巧雕利用表皮的色斑略施刀斧，自然成形，这种"不雕而雕"的工艺特别能显现出一种造化的天趣。

金蟾·昌化藕粉地鸡血石

尺　寸　13厘米×10厘米

鉴石要点　一块深褐色的圆石，满布鲜红欲滴的云状血痕，圆雕一只蟾蜍，跃动着一股真切、强烈的生命力。

昌化石印章的独有魅力

印章是中国的发明，起码有三千多年的传统，其犹如一朵奇葩，在博大精深的中华艺苑里绵延不断地散发出独特的芬芳，吸引着越来越多的人进入这块方寸世界。

对章·昌化灰白地鸡血石
尺　寸　3厘米×3厘米×7厘米

印章的演变

印章在古代主要用作身份凭证和行使职权的工具。它的起源，是由于社会生活的实际需要。早在商周时代，印章就已经产生。1998年，河南安阳殷墟出土了一方饕餮纹铜玺为现今所能证实的经考古发掘的年代最为久远的印章。

秦以前，无论官印、私印都称"玺"，秦统一六国后，规定皇帝的印独称"玺"，臣民只称"印"。汉代把诸侯、太后的印章称为"玺"，将军的印称"章"。

到了唐代武则天时期，因为觉得"玺"与"死"近音（也有说法是与"息"同音），遂改称为"宝"。

从唐代到清代一直沿袭旧制"玺"、"宝"并用。之后，印章根据历代人民的习惯有："印章"、"印信"、"记"、"朱记"、"合同"、"关防"、"图章"、"符"、"契"、"押"、"戳子"等各种称呼。

先秦及秦汉的印章多用作封发对象、简牍之用，把印盖于封泥之上，以防私拆，并作信验。

印章的组成

印章的各个部位有印钮、印鼻、穿鋬、印面、印台、印背等。

印钮是指印章顶部的装饰，它是印章造型美化的一个重要组成部分。印钮最初可能为系带之用，后来演绎为具有装饰的功能。

印鼻，多位于钮的顶部，属于印钮的一部分。穿鋬，又称穿孔，是供穿带之用的孔洞，也属于印钮的一部分。

印台，指钮下的部分，又称印身，有一定高度的印台其四面又称做"印墙"。

印面，指显示印文或图形之处，是印章艺术的核心所在，一般以单面印为多，单面印的印面向下，历史上还曾出现过双面印、六面印和多面印等。

印背，是指与印面正相背处，一般较平，但也有的呈不同的阶坡状。

印章的印文

印章按印文内容与使用功能可分为两大类：一类是具有凭信功能的印章，以官印、私印及斋馆室名印为代表；另一类是人们表达祈福愿望以及寄托情怀的印章，这类印章被称为闲章。闲章的印文内容精彩，体现了持有者的情感与志趣，成为文人墨客所钟爱的别有情趣的一件物事。

闲章是由秦汉时期刻有吉祥文字的吉祥印演变而来，如"敬事"、"正行无私"、"千秋万世昌"等，一般都是为祈求平安吉祥而铸刻的。宋元以后铸刻闲章的风气颇盛，闲章内容出现明显变化。

元代王冕以石制印，为闲章的飞跃发展拉开了序幕。此后，文人墨客在挥毫泼墨之余，常常将精心镌刻的闲章钤于书画作品上，诗、书、画、印（中国书画所谓"四绝"）四位一体的模式在明代日益兴盛起来。四者相互渗透，相互滋养，到了近代，闲章便发展成为中国书画艺术一个不可或缺的有机部分。

闲章不拘形式，大小不一，一般或大于名章，或等同于名章。闲章由于方寸的局限，不能精描详述，但印文内容却丰富多彩，不拘一格。或摘引或自创，或直言剖白或隐言折射，从诗词文句到警言吉语到牢骚趣话，尽兴自娱自乐并抒发对人生和艺术的感悟，意趣盎然。而且，一枚好的闲章，除了让人玩味外，还是篆刻家和书画家水平高低的无声的自我展现。因而有"闲章不闲"、"闲章玩味"之说。

方章·昌化灰白地鸡血石
尺　寸　2.8厘米×2.8厘米×7.5厘米

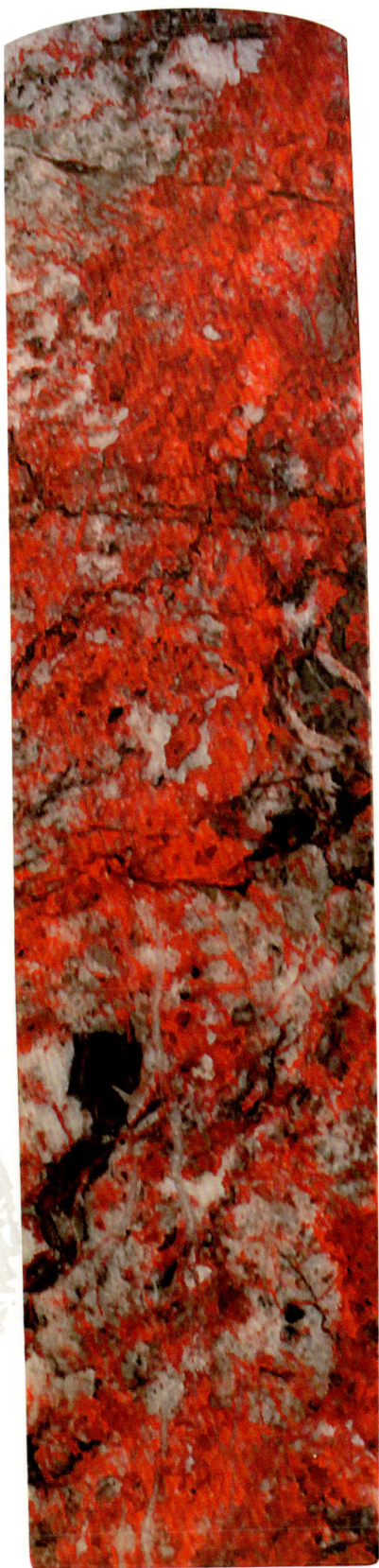

故别称"急就章"。

琢印，俗称"磋印"，对于类似玉石、水晶、玛瑙等类质地坚硬的石材在制印时，单用刻刀难以雕刻，需要凭借磋刀的旋转，并用水把金刚砂冲在磋刀上才能琢制，这种制作而成的印章称为"琢印"。

喷印，也名"电刻"，是现代人制作印章的一种主要方法，其方法是用喷砂机喷力喷制，多用于制作水晶和玻璃质印章。先用橡皮刻出印文，贴在水晶质印面上，后用喷砂机将金刚砂喷向印面。

激光雕刻印，也是一种现代技术，其做法是利用数控技术为基础，激光为加工媒介。印章原料在激光照射下产生瞬间熔化和气化的物理变性，达到加工的目的。激光加工特点是与材料表面没有接触，不受机械运动影响，表面不会变形，一般无需固定。

光敏印，是上世纪90年代初由日本发明的，它是由一种特殊的化工合成材料，通过专用设备瞬间发出强光辐射，使材料表面发生光氧化及热交联作用从而制成的印章。光敏印章的面世可以说是印章行业的一次革命，完全颠覆了传统印章的凹凸成像原理。利用特殊感光材料制成。具有成像极其清晰，无需印泥，即印即干的特点。其印迹可与印刷品质媲美，是目前最好的、最先进的印章产品，美观耐用，无须印台。（一次注油可印10000次以上）。

印章的形制

印章从形制上分有正方章、日章、扁章、圆章、椭圆章及特殊形制的随意章、对章、兄弟章、母子章、套章、连体章及链章等。

随意章是石料未经裁切成型，仅将原石的一面磨平做为印面，以致印面呈现不规则形状的印章。

对章是将同一块材质的石料对切，长宽、高矮相同，但纹路走向相反而对称的两枚印章。

兄弟章，裁切方式如同对章，但因另一方印

对章·昌化田黄鸡血石
尺　寸　1.6厘米×1.6厘米×9.5厘米

脚可能因杂质或瑕疵予以切除，以致高矮不一。

母子章，材质、雕工外观造型相同，但尺寸大小不同。

套章是将同一大材的石料切成数个印章，长宽相同，但高矮不一定相同的印章。

连体章是将同一扁的石料中间挖空、搭桥，做成二枚印身相连，但印面不相连的印章。

链章是将同一材质的石料雕成以链条环环相接，二是到数枚相链的印章。

印章的材料

从印章的材料上分有：金印、玉印、银印、铜印、铁印、象牙印、犀角印、水晶印、石印等，现代人还常用木质印、塑料印、有机玻璃印等。古代多用铜、银、金、玉、琉璃等为印材，后有牙、角、木、水晶等，及至元代，浙江著名画家王冕用花乳石作印。由于花乳石质地细腻温润，且容易受刀，一时间成为擅长书画的文人治印的普遍用料。到了明代，石质印材越来越被印人广泛采用。

石章质地松脆柔糯，易于入刀，加上刀法不同会产生出比其他印材更为丰富的艺术效果，所以深受历代篆刻家的青睐。

在历代治印所选用的石材中，最常见的是青田石、寿山石和昌化石三大类，另外还有被引入印坛不久的巴林石和东北石。各类石章由于产地不同，其质地、性能和色泽也各不相同，各有特点。一方名贵的石章，不但有其本身的价值，而且具有很高的艺术审美价值，所以名贵印石的收藏也成为历代藏家追捧的对象，到了今天其热度依旧不减。

素章·昌化藕粉地鸡血石
尺　寸　4厘米×4厘米×8厘米

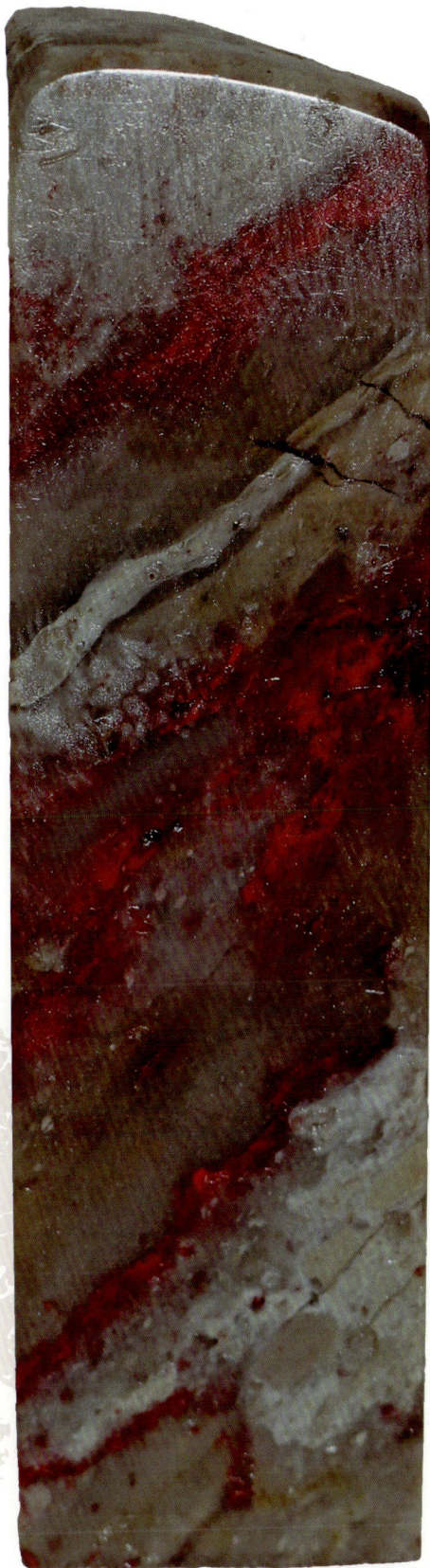

111

昌化石印章的雕刻工艺

明代朱简在《印章要论》中说：印先字，字先章；章则具意，字则具笔。从审美角度上看，印章对石材的要求更高。因其规整的外形不容易像其他雕刻形式那样"藏拙"，只要有一点点石病就很容易从大面积的平面上看出来。但从另一方面去想，一枚印章对雕刻的大面积"留白"恰恰也是展示石材自然美质的最佳途径。其印体和印钮的结合分别成为表现材质之美和雕刻之美的绝妙形式，而二者的浑然一体又恰恰是传统所赋予的自然而然的存在，绝不会有生硬穿凿之感。

印章雕工

　　昌化石印章的雕工大致有两类，一种做工精细，技艺精湛，无论是薄意还是圆雕，都惟妙惟肖，让人一眼看上去就是那么生动，有气韵，惹人喜爱；另一种相对朴素，但受传统文化的影响，虽然简约，却也不失自然大气，有一种稚拙古朴之美。看雕工，首先要看其印款。一件文房杂项的款可使其来历清楚，易于查证，如果再加上绝伦的雕工，那么它的收藏价值就低不了。如果是不带款印章，那就要看其刀法如何了。

印章品评

　　品评一方印章的优劣，可以说是一半观其料，一半察其工，雅石美玉固然难求，但有些印章材质虽然一般，但由于雕工精良，其收藏价值不可低估。说白

薄意山水章·昌化田黄鸡血石（正）
尺　寸　3.5厘米×3.5厘米×7.8厘米
鉴石要点　质地细腻，在浅黄色的地子上布满丝线状的鸡血，印章表面下部用薄意雕刻乌篷船渡江的题材，印章上部薄意雕刻一枝叶繁茂的古树，互相映衬。

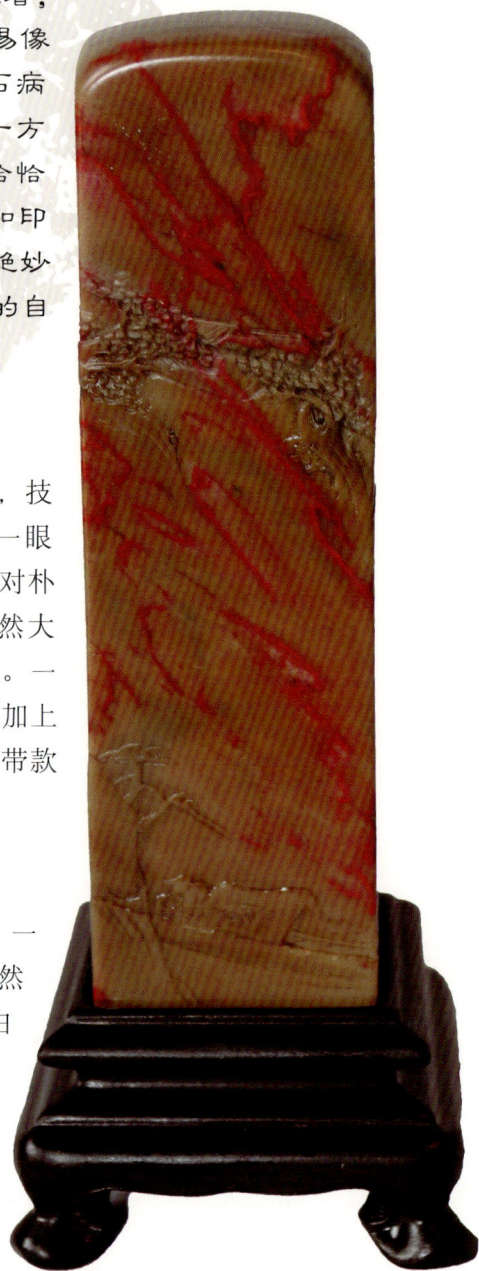

了，印章艺术其实就是篆刻艺术，雕工非常重要。印章的文字通常有朱文和白文之分，一方完整意义上的印章除了印面上的文字外，治印者往往也会在印石的侧面或顶端刻些纪念性的文字，这就是人们通常所说的边款。无论是边款，还是印文，都以笔画疏密得当、布局巧妙、平衡感强者为上品。

印章刀法

刀法是指刻章时的用刀方法，篆刻刀法有两种：冲刀法与切刀法。前者刻出的线条稳健挺拔，圆美流畅；后者刻出的印文线条毛茸多，显得古朴凝重。后来还出现了一种冲切兼用的刀法，兼取两者之长，而具体到每个治印方家又有自己独特的刀法。总之，看刀法主要看其字体是否美观流畅，章法是否严谨规范，边款和印文的搭配是否得当，边款刻得是否自然爽利。

印章三美

印章有"三美"，即印面的篆刻美、印钮的雕刻美及印材美。印章的雕刻除印文的雕刻外，印钮的雕刻也是体现印章雕工技艺非常重要的一个部分。在古代，等级制度比较森严，表现在材质上是皇家用玉印，官宦按品级分别用金印、银印、铜印等，高低分明，不得逾制。而表现在印钮则是，皇家用龙形印钮，官宦用兽形印钮，一般文人雅士则无印钮，或用比较素雅的瓦钮、博古钮等。收藏古印章时，一定要注意看印钮，不仅要看雕刻的形象，还要看印钮的雕工。

印章钮式

昌化石印章中一般有三类钮式：一种为平头式印章，保持印章的原貌，不加任何雕饰。一种是斜头式，也称斜头式印章，加

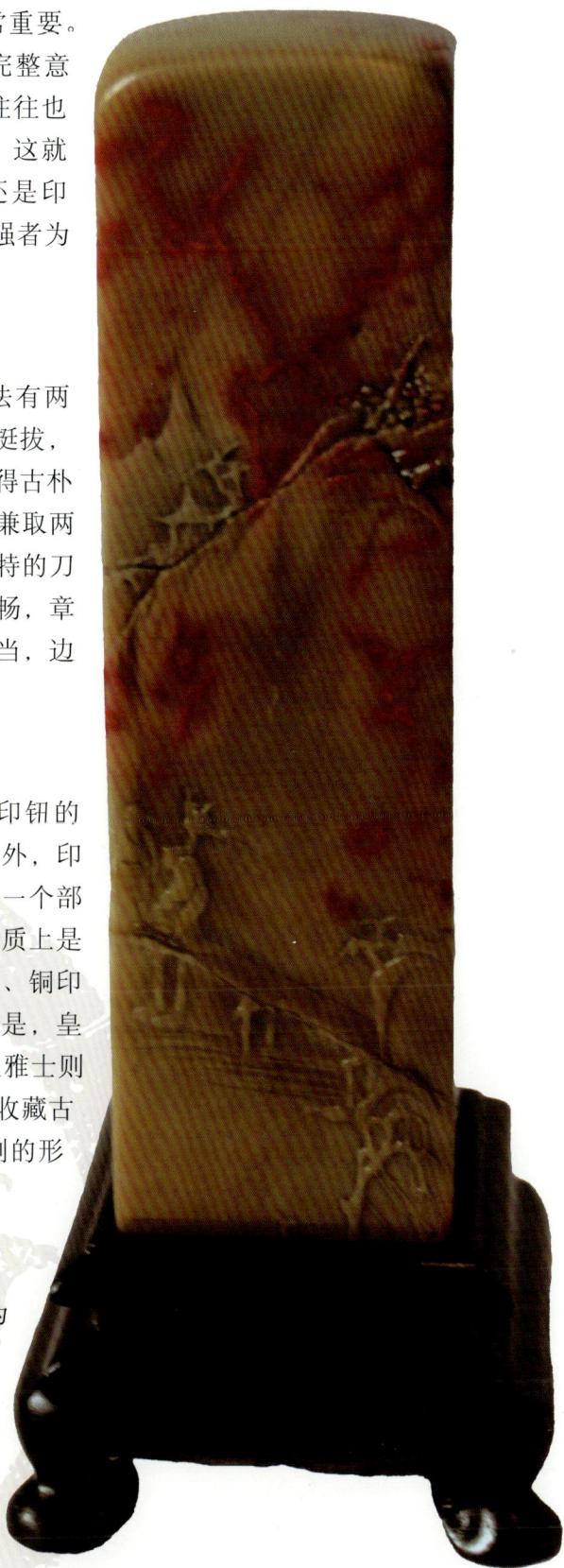

薄意山水章·昌化田黄鸡血石（背）

尺　　寸 3.5厘米×3.5厘米×7.8厘米

工时原石有斜角，简单地磨掉印顶棱角即可，让买主去决定雕或不雕。最后一种是雕钮式，雕钮式印章的题材多是根据古代印章的形式而继承下来的。

印章俏色

印钮的雕刻，和其他玉石雕刻一样，也讲究"俏色"（或称巧色）。俏色就是根据原材料的色泽、质地、形态、纹理，选择适当的题材、造型和技法，充分发挥原材料固有的特色，相形度势，设法将石料中的裂纹、砂钉等加以巧妙地掩饰，使作品的内容与材料的质地巧妙地结合起来，取得良好的艺术效果。如北京故宫博物院收藏的一件清代慈禧太后印玺，印钮的顶部是白色凤凰，浅红处刻祥云，印体四周刻瑞兽，下端白色处刻流泉游鱼，这是将浮雕与圆雕的技法相结合；因材施作的典型"俏色"玺印。

印钮题材

印钮的雕刻限于方寸之间，因而不宜设计复杂。从传统印钮的题材来看，大多是以单兽为主的动物钮。姿态有正、侧、俯、伏、坐、立、盘、卧、腾、飞等。少数的双兽(或称双欢)钮，大兽戏小兽，或母兽带小兽，或两兽相亲相持，斗、接、扑、护，生趣盎然。

印章有钮还是没钮，其经济和艺术价值会相差很大。当今，比较高档的昌化石印章，几乎都有雕钮。不仅刻古兽钮，还要雕刻人物、花果、鱼草，现代植物、动物，还兼雕薄意，这些是对古代流风的延续和发展。当然，雕刻业中有这样一句行话，叫作"无绺不做花"。好的石章料，也有很多都不带印钮，顶部或是随形，或是方形、圆形，这是为了不破坏原石的材质美。

薄意山水章·昌化田黄鸡血石

尺　寸　3.5厘米×3.5厘米×7.8厘米

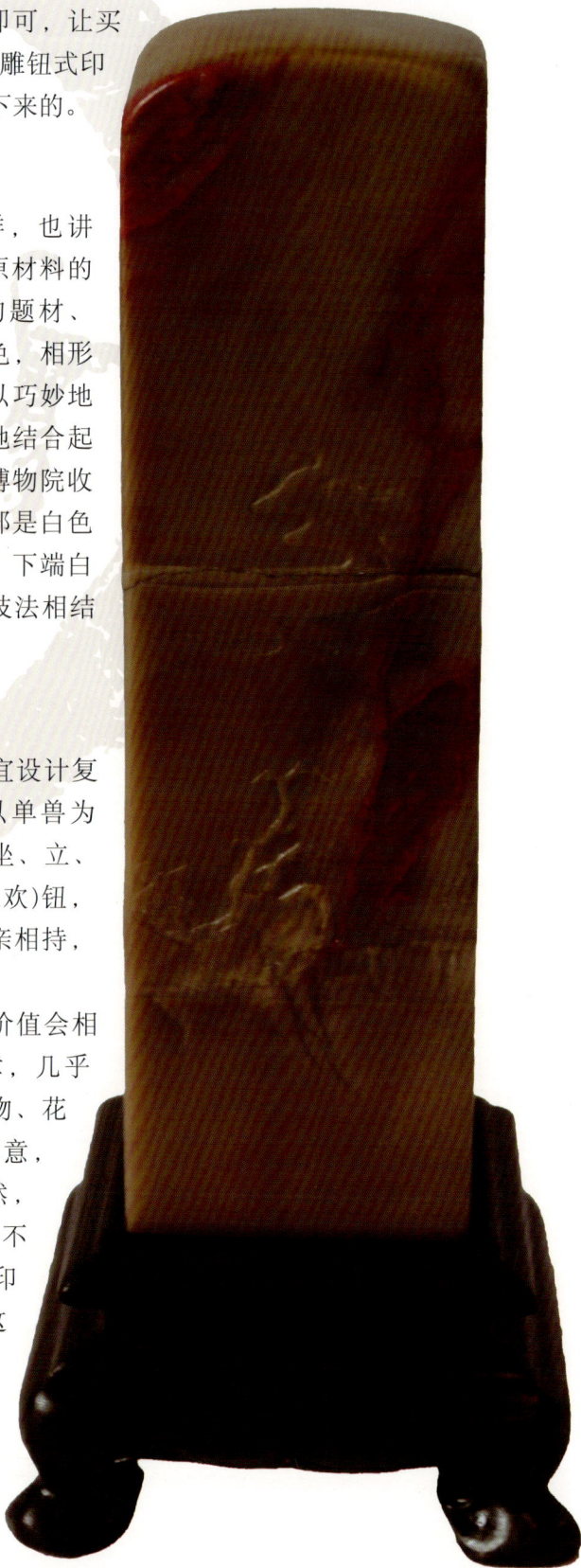

素章·昌化藕粉地鸡血石
尺　寸　2.2厘米×2.2厘米×9厘米

素章·昌化牛角冻鸡血石
尺　寸　3.2米×3.2厘米×13厘米

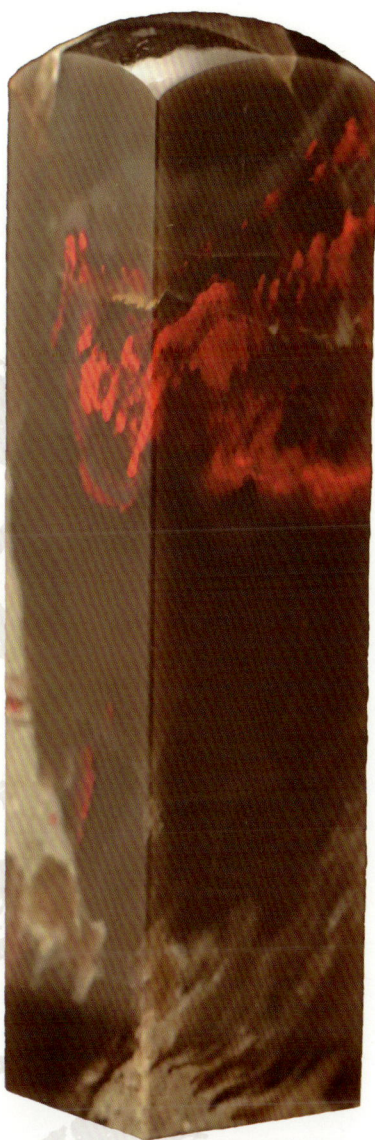

素章·昌化瓦灰地鸡血石
尺　寸　3厘米×3厘米×6.7厘米

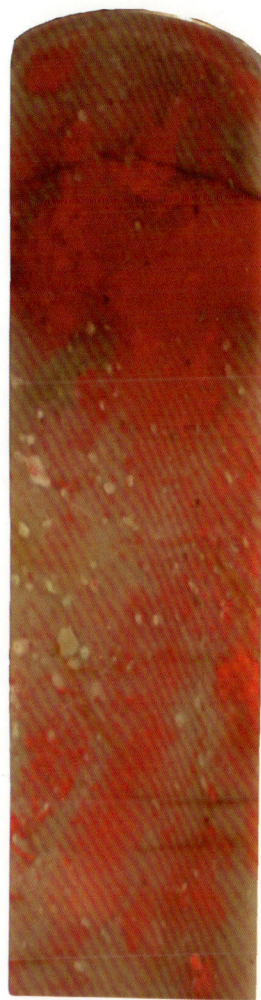

昌化石印钮的雕刻工序

印钮雕饰是制作印章最主要的一环，也是最能体现石雕艺人技艺的一部分。艺人十分讲究刀具质量，有的还根据创作需要制造各种刀具。雕刻还有其他辅助工具，如锉刀、卡锤、手钻、天平钻、针钻和砂轮等。

开料

印钮的雕刻首先是开料，又称"解石"，即将原石锯成章坯。早在300多年前，清代的金石学家高兆在其所著的《观石录》就对解石提出严格要求："石质厥润，锯行其间，则热。行久热迫而燥，则烈。解法：水解为上。锯行时，一人提小壶，徐倾灌之"。也就是用锯子边锯石头一边用水淋在石头上面，防止石头因摩擦生热而变裂。现在人们普遍使用电动水锯开料，对防止石质热燥起到一定的防范作用，但电动的速度过快，受震进裂现象也在所难免，所以对于优质的昌化石开料，许多艺人多采用手锯。章坯形成后要"过砖"，就是将印坯磨平磨光。

相石

印钮雕刻的成败，关键在于"相石"。印章有四面，首先要确定其朝向，俗称"朝面、立向"。钮头的设计应充分发挥石质的特色，注意印顶石料瑕疵的掩盖处理。钮雕的图像设计要与印章整体高度成比例；通常为整颗印章的三分之一。

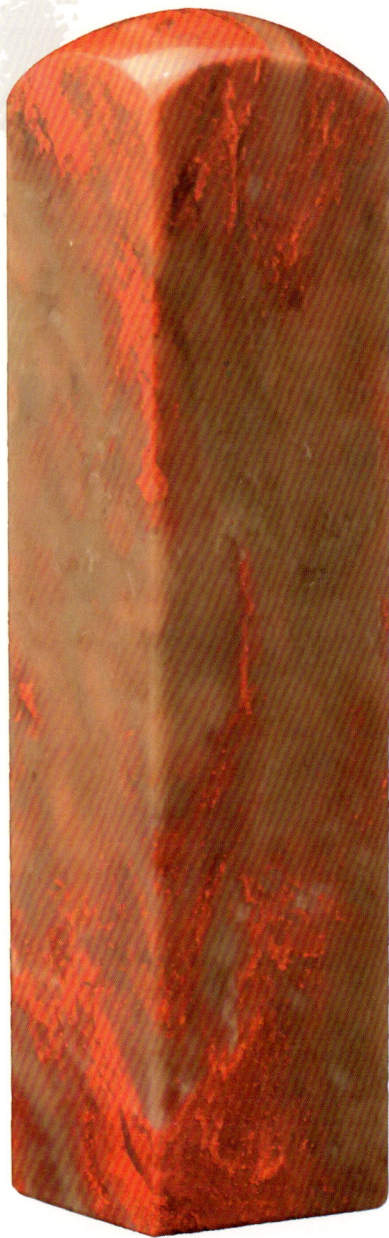

印章·昌化白玉地鸡血石
尺　寸　3.3厘米×3.3厘米×14厘米

凿坯

凿坯是用卡凿等工具将印钮的造型雕刻出来。常见的昌化石雕刀具主要有手凿、卡凿和雕刀三种。

卡凿是上呈方形，刀口扁平，长约20厘米的刀具，用于打坯。根据刀口斜面的不同，分"单面凿"和"双面凿"两式。前者用雕刻细坯，后者用于雕刻粗坯。

手凿主要用于凿坯，长度约17厘米，上部套以圆形木制把手。以刀口形状分为"平凿"和"圆凿"两式，形同"卡凿"，亦有单面，双面之分；"圆凿"刀口呈弧形，有大圆、小圆之别。

雕刀又称"修光刀"，多呈扁长条形，两头皆为刀口，长约20厘米，刀形依雕刻需要而定。主要有平刀、圆刀、尖刀和半尖刀等等。此外，还有适应各种技法要求的种种雕刀和工具，如铲刀、勾刀和三角刀等。

修光

雕刻时发现钮头石质有裂纹、瑕疵等，可结合薄意等其他雕刻方法加以化解，使作品尽可能完美。

昌化印章组合石

尺　寸　3厘米×3厘米×7厘米

昌化石雕的雕刻题材

有句古话，叫"玉必有工、工必有意、意必吉祥"。吉祥造型来自于人们的信仰、民间传说、动植物的谐音和暗喻等。只有了解了中国的传统文化，就会对玉石图案有更广泛的了解。

在昌化石的雕刻中，往往运用了人物、走兽、花鸟、器物等形象和一些吉祥文字等造型，以民间谚语、吉语及神话故事为题材，通过借喻、比拟、双关、象征及谐音等表现手法，构成"一句吉语一幅图案"的美术表现形式，反映人们对美好生活的追求和向往，充分体现了石雕文化的精髓。

昌化石雕题材除了上述几类外，还有一类是以自然风光为雕刻题材的。如高山流水、万壑听松、深山访友、白云人家、寿山福海、群山叠翠、

江山永固·昌化荔枝冻鸡血石
尺　寸　51厘米x55厘米x21厘米

旭日高升、一帆风顺、曲径通幽、春华秋实、江山永固、四季报喜、五谷丰登等。随着时代的发展，雕刻的题材也在不断的创新发展，图案内容丰富，形式多样，大体有吉祥如意、长寿多福类、家和兴旺类、安宁平和类、事业腾达类和辟邪消灾类等。

花鸟瓜果类

花类主要有梅、兰、竹、菊、牡丹花等。鸟类主要是鹤、雁、鹰、鸽、鹧鸪、驼鸟、喜鹊等。鱼虫类主要有鲤鱼、金鱼、蟹、蜂、蝶、蚕、蝉等。

鹌鹑，头小尾秃，人们取其"鹌"的谐音，寓意平安如意。鹌鹑常和菊花、树叶等雕刻在一起寓意安居乐业，有的瓶子上雕刻鹌鹑，寓意平平安安。

百合，素有"云裳仙子"之称，由于其外表高雅纯洁，有"百年好合"、"百事合意"之意，中国自古视为婚礼必不可少的吉祥花卉。有的昌化石雕件将百合与柿子雕刻在一起，寓意百事如意。

白菜，第一个寓意，取自白菜的谐音，意为"百财"，有聚财、招财、发财、百财聚来的含意；第二个寓意，取自白菜的颜色和外形，寓意清白。根据白菜的发音，收藏白菜石雕还有"摆财"之意。

缠枝莲，又名"万寿藤"，寓意吉庆。因其结构连绵不断，所以也寓意"生生不息"、"富贵缠身"。缠枝莲的图案是以一种藤蔓卷草经提炼变化而成，委婉多姿，富有动感，优美生动。

佛手，终年常绿。四季开花不断，果实形如人手。姿态奇特，又能散发出醉人的清香。佛手也是昌化石雕中常见的题材，因与"佛"字同音，自然转意为佛之手。寓意获得玉佛手，便能得到佛的保佑而如意吉祥。另外，佛手多指，"指"与"子"谐音，这样与昔日国人有多子、多孙、多福的传统观念相联系。

葫芦，寓意福禄，雕葫芦和小兽（寿）为福禄寿的意思。

花生，又名长生果，一般被视为吉祥喜果，也寓意"花开富贵好生养"，也有"生生不息"的寓意。

荷莲，莲花象征君子身处污浊环境而不同流合

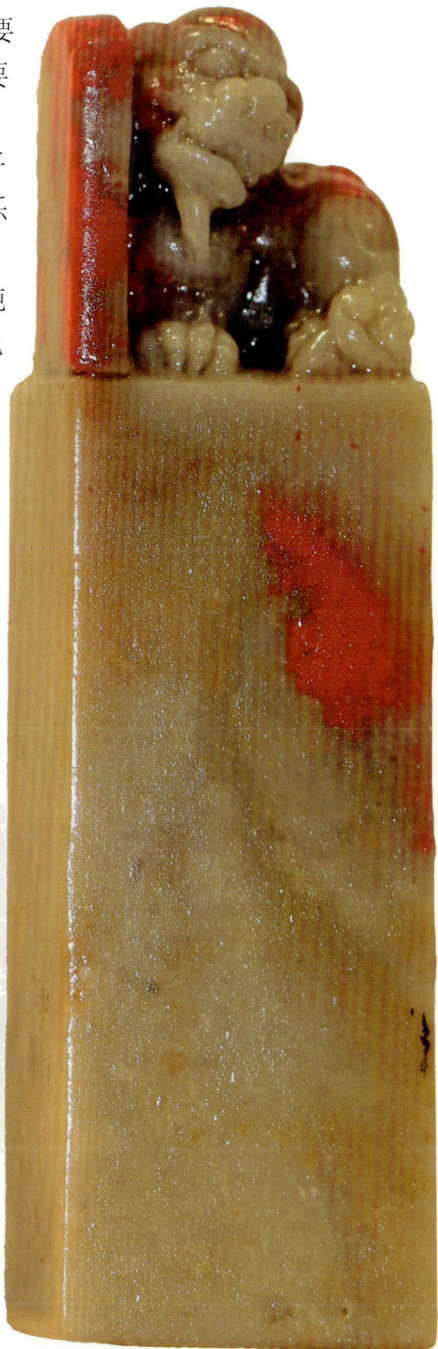

瑞兽钮章·昌化石
尺　寸　2.7厘米×2.7厘米×6.8厘米

污、不随俗沉浮的品质，北宋学者周敦颐在其名著《爱莲说》中指出：莲花出淤泥而不染，濯清涟而不妖，中通外直，不蔓不枝，香远益清，亭亭净植，可远观而不可亵玩焉。莲花与梅花一起寓意和和美美；和鲤鱼一起寓意连年有余；一对莲蓬寓意并蒂同心。

菊花，寓意吉祥、长寿，与喜鹊组合表示"举家欢乐"，与松一起寓意松菊延年。

兰花，为美好、高洁、纯洁、贤德、俊雅之类的象征，因为兰花品质高洁，所以又有"花中君子"之美称。与桂花一起寓意兰桂齐芳，即子孙优秀的意思。

牡丹，端丽妩媚、雍容华贵，色、香、韵集于一身，寓意繁荣昌盛，幸福和平。牡丹与瓶子一起寓意富贵平安。

鸡，因鸡与吉谐音，寓意大吉大利；翠雕锦鸡，即寓意锦绣前程之意。

仙鹤，在古代是"一鸟之下，万鸟之上"，仅次于凤凰的"一品鸟"，明清一品官吏的官服编织的图案就是"仙鹤"。仙鹤也是鸟类中最高贵的一种鸟，代表长寿、富贵。传说它享有几千年的寿命。仙鹤与松树一起寓意松鹤延年，与鹿和梧桐寓意鹤鹿同春。

鹭鸶，羽色绚丽，雌雄偶居不离，古称"匹鸟"，象征夫妻恩爱，永不分离。常寓意一路平安，与莲在一起寓意一路连科。

鲤鱼，年年有鱼、鲤鱼跳龙门，比喻中举、升官等飞黄腾达之事。后来又用作比喻逆流前进、奋发向上。

蝉，人们常见的昆虫，由于它鸣声响亮，生活习性奇特，因而很早就受到雕刻艺人的关注。由于蝉都是栖息在高大的树木枝头，只吃露水树汁而不食人间烟火，所以古人常用蝉来比喻人的清高、高洁的品德。从汉代开始，人们都以蝉的羽化来喻之重生。

龙行天下方章·昌化牛角冻鸡血石

尺　　寸　3.7厘米×3.7厘米×19.5厘米

鉴石要点　质地细腻，通体地色呈现灰黑的牛角色，映衬的鸡血更加透亮，如惊鸿一瞥。印面浮雕盘龙造型，龙身卷曲，祥云环绕，雕工细致入微。

若是身上有蝉的佩饰，则表示其人清高、高洁。后来，人们还赋予了蝉更多美好的寓意，比如：腰间佩蝉饰，则意为"腰缠万贯"；胸前挂着蝉，则是"一鸣惊人"；伏在一片树叶上的蝉，被喻为"金枝玉叶"。

石榴，"千房同膜，千子如一"，千百颗籽粒和睦有序地团聚在一个果实里，象征了一家人团团圆圆住在一起，寓意多子多福、儿孙满堂。早在六朝时代，石榴就被用作生子、多子的祝吉之物。

寿桃，王母娘娘的仙桃，食之能长命百岁。桃是长寿果，佩带能长寿，生活甜甜蜜蜜。

瓜果，瓜生长成熟，能结出各种小瓜，小瓜变大瓜，瓜又多子，用来比喻子孙延绵不断。常见的此类题材取名为"瓜瓞绵绵"，出自《诗经·大雅·绵》："绵绵瓜瓞，民之初生，自土沮漆。"传统的瓜瓞绵绵图案有两类，一类是瓜连藤蔓枝叶，另一类还加上蝴蝶图案，取"蝶"与"瓞"同音，寓意子孙昌盛、兴旺发达。

官上加官，这是一种寓意吉祥的传统雕刻题材，在清代最为流行。图案以公鸡或者公鸡搭配鸡冠花纹饰相配组成画面，意喻官上加官、步步高升。

连中三元，常用荔枝、桂圆、核桃表示连中三元，即解元、会元、状元。

岁寒三友，指松、竹、梅三种植物。因这三种植物在寒冬时节仍可保持顽强的生命力而得名，寓意中国传统文化中高尚人格的象征，也借以比喻忠贞的友谊。

走兽类

螭虎，为古代神兽，龙身而色黄无角。

螭龙，传说中没有角的龙，又叫螭虎或草龙。螭虎在古代文化中代表神武、力量、权势、王者风范。

古狮，表示勇敢，两个狮子寓意事事如意。一大一小狮子寓意太师少师，意即位高权重。古时谐音为当朝"太师"之意。雕古狮要瞪大眼，咧大嘴，威在齿才生动形似。

龙，是古代传说中一种神奇动物，有须，驼首，鹿角、蛇身、鹰爪。龙是古代帝王的象征，现民间视作是英勇、权威和尊贵的象征，神圣、吉祥、吉庆之物。龙与凤一起寓意成双成对或龙凤呈祥。

凤，是古代传说中的鸟王，鸡头、蛇颈、燕颔龟背，鱼尾五彩色，古代被作为皇室最高女性的代表，与龙相配，是吉祥喜庆的象征。

麒麟，是古代一种祥瑞神兽，麇身、牛尾、狼蹄、鹿角、龙首。

蛟龙，传说中的神兽，形样像龙。这些古兽题材，一般是在《山海经》书中有简单的描述，世人谁也没见过，所以雕刻时只要遵循古训："啼狮笑凤落颜龙。龙游动在身，腾动在爪，凤笑笑在眼，狮喜喜在尾"等，就能雕好，人们就会喜欢。

貔貅，又名天禄，在北方也称为"辟邪"，是古代神话中的一种瑞兽。龙头、马身、麟脚，额下有长须，两肋有翅膀，会飞，且凶猛威武，代表着权力和财富。传说貔貅有一个最大的特点是无肛门，只吃不拉，只进不出，比喻为招财进宝，所以许多想发财的人都对这个聚财高手崇拜有加。

金蟾，也是古代神话中的瑞兽，有三只脚，背有北斗七星，嘴衔两串铜钱，头顶太极两仪。金蟾有"吐宝发财，财源广进"的美好寓意，通常被商人摆在商店玄关处。金蟾除了独立雕刻外，常见的还有刘海戏金蟾。刘海是传说中的一位仙人，五代时人，后学道成仙，号海蟾子。后世人们以他为福神。民间有关刘海捉金蟾的目的又有不同的说法：一说刘海以金蟾为食。金蟾是民间信仰中的灵物，刘海以之为食，说明他神奇非凡。一说刘海捉金蟾是令金蟾吐金，施济天下穷人。刘海捉金蟾的方法是根据金蟾的"习性"，以一串金钱引诱并钓住它，即民间所谓"刘海戏金蟾，步步钓金钱"。由刘海戏金蟾演变为钓金蟾，其行为的目的也由除蟾演化为获取金钱，刘海遂成一位财神。

鳌，是传说大海中的龙头大龟，仙鹤站在鳌身上，寓意独占鳌头，表示科举成功。

大象，寓意吉祥或喜象；与瓶一起寓意吉祥平安；与如意一起叫吉祥如意。

龟，寓意长寿，与鹤一起寓意龟鹤同寿。

猴，与马在一起寓意马上封侯；与印一起寓意封侯挂印；大猴背小猴寓意辈辈封侯之吉祥美意。

獾子，寓意欢欢喜喜。据称獾是动物界中最忠实于对方的生灵，如果一方走散或是死亡，另一只会终生都在等待对方，决不移情别恋，因此在中国有雕双獾做为夫妻定情之物的说法。

马，马上有钱；马到功成；马上有猴（马上封侯）。马上有元宝或古钱寓意马上发财。

鹿，是长寿的仙兽，常与仙鹤和寿星一起保护灵芝仙草，寓"禄"，表示长寿和繁荣昌盛，福禄之意。

蝙蝠，是一种能飞翔的哺乳动物，夜间飞翔，捕食蚊蚁等小昆虫。在黑暗狭小的地方，蝙蝠飞起来也不会碰伤自己，这倒不是它的眼睛特别好，而是它靠一种特殊的声波来引导飞翔。蝙蝠的形状似鼠，所以也叫飞鼠、仙鼠。古代相传能活500年的蝙蝠是白色的，头也变得很重，以致倒垂，称为倒挂鼠，把这种倒挂鼠拿来风干研成粉末，服食下去可使人长生不老。在昌化石雕的题材中，两只蝙蝠雕刻在一起寓意"福上加福"；五只蝙蝠在一起表示"五福（福、禄、寿、喜、财）齐全"；蝙蝠与铜钱在一起的图案寓意"福在眼前"；童子捉蝙蝠入花瓶的图案寓意"平安福气自天来"。红蝙蝠的形象虽然古怪甚至有点恐怖，但古人认为是一种特别好的兆头，因红色是一种喜庆的颜色，加以"红"与"洪"同音，所以见到红蝙蝠，寓意一生将洪福无量，红蝙蝠的题材在鸡血石中用到。

宗教题材类

八仙，是指民间广为流传的道教八位神仙，分别是张果老、吕洞宾、韩湘子、何仙姑、铁拐李、汉钟离、曹国舅、蓝采和。八仙过海吉祥图案的寓意是当遇到困难时，应团结一致，各显本领，共同克服。此外，民间还有八仙祝寿图，此图展示八仙集会松柏台上，仰望云间，口祝寿词的情景，多在寿庆场合使用。

暗八宝，用八仙持的神物法器寓意八仙或八宝，分别是铁拐李的葫芦、吕洞宾的宝剑、汉钟离的扇子、张果老的鱼鼓、何仙姑的荷花、蓝采和的花篮、韩湘子的横笛和曹国舅的阴阳板，寓意可以避邪气、呈吉祥。

八卦，表示事物自身变化的阴阳系统，用"-"代表阳，用"--"代表阴，用三个这样的符号，按照大自然的阴阳变化平行组合，组成八种不同形式，叫做八卦。八卦有占吉凶、知万象的功能，民间常用来做避邪之物。

财神，是传说中给人带来财运的一位神仙，财神题材寓意财源滚滚。

达摩，全称菩提达摩，南天竺人，婆罗门种姓，自称佛传禅宗第二十八祖。中国禅宗的始祖，故中国的禅宗又称达摩宗。一直以来，达摩造像玉石雕件，多以达摩弘法时极具传奇性的历史故事为题材，主要有达摩面壁、一苇渡江、携履西归等。

观音，心性柔和，仪态端庄，世事洞明，永保平安，消灾解难，远离祸害，大慈大悲普渡众生，是救苦救难的化身。

合和二仙，一童手拿荷花、一童手捧盒子的两位小童，合和同音，祝福家人、夫妻相处和睦。

麻姑献寿，麻姑是传说中的仙女，常用于祝贺女寿诞者。

钟馗，是中国民间传说中驱鬼逐邪之神。民间传说他系唐初终南山人，生得豹头环眼，铁面虬鬓，相貌奇丑，但却是个才华横溢、满腹经纶的风流人物。

济公，乃十八罗汉之降龙罗汉转世，济世救人，惩恶除奸。

人物类

东方朔偷桃，相传汉武帝寿辰之日，宫殿前一只黑鸟从天而降，武帝不知其名。东方朔回答说："此为西王母的坐骑'青鸾'，王母即将前来为帝祝寿。"果然，顷刻间，西王母携7枚仙桃飘然而至。西王母除自留两枚仙桃外，余5枚献与武帝。帝食后欲留核种植。西王母言："此桃三千年一生实，中原地薄，种之不生。"又指东方朔道："他曾三次偷食我的仙桃。"据此，始有东方朔偷桃之说。

东方朔并以长命一万八千岁以上而被奉为寿星。

关公，名羽，字云长，河东解良（今山西运城）人，三国时蜀汉名将，早期跟随刘备辗转各地，曾被曹操生擒，于白马坡斩杀袁绍大将颜良，与张飞一同被称为万人敌。关羽去世后，逐渐被神化，被民间尊为"关公"，又称美髯公。关公以最重义气和信用，勇猛和武艺高强称著于世。

老子，姓李名耳，字聃，楚国苦县历乡曲仁里人，约生活于前571年至471年之间。老子是中国古代伟大的哲学家和思想家、道家学派创始人，被唐朝帝王追认为李姓始祖。老子的根本思想就是自我、平常、和谐和循环。

儿童嬉戏，古时叫婴戏图，即描绘儿童游戏时的画作，又称"戏婴图"。因为以小孩为主要绘画对象，以表现童真为主要目的，所以画面丰富，形态有趣。

器物类

瓶，或花瓶，寓意平平安安。与鹌鹑和如意在一起寓意平安如意；与钟铃一起寓意众生平安。

平安扣，平安扣的形状很像古时铜钱的形状，外圈是圆的，象征着辽阔天地混沌；内圈也是圆的，象征人的内心平宁安远。平安两字寓意明确，表达了人们朴素美好的愿望。

如意，是中国传统的吉祥之物，它的造型是由云纹、灵芝做成头部衔结一长柄而来，寓意平安如意。

路路通，外观呈椭圆状，可以随着人的运动不停转动，象征着人生道路永远畅通无阻。

太狮少狮钮章·昌化朱砂石

尺　　寸　3.5厘米×3.5厘米×7厘米

鉴石要点　印钮雕刻太狮少狮，线条飘逸
　　　　　圆润、简练浑朴，造型丰满，
　　　　　四肢健硕，立体生动。太狮双
　　　　　目圆睁，侧身站立，少狮紧贴
　　　　　其侧，顽皮灵动。

凤福呈祥·昌化荔枝地鸡血石

尺　寸　32厘米×29厘米×10厘米

第四章

巧辨真假美猴王，

昌化鸡血石的优劣全攻略

昌化石的优劣鉴别

昌化石的评价鉴定标准有别于一般的宝玉石鉴定，也不同于通常的矿物鉴定。工艺用昌化石原料鉴定应包括矿石肉眼鉴定和室内仪器检测两部分，即艺术与自然科学相结合，并掌握昌化石形成的多期性、复杂性及成因类型的多样性和昌化石加工工艺性等基本知识，这是有效的鉴定方法，赏析昌化石的优劣应从其质量和物性入手，肉眼观察指标应该注意以下几方面。

鸟语花香·昌化鸡血石

尺　　寸　48厘米×37厘米×26厘米

鉴石要点　石质温润，血色的线条自然流畅，使得天然的美石增添了些许文雅的韵味。

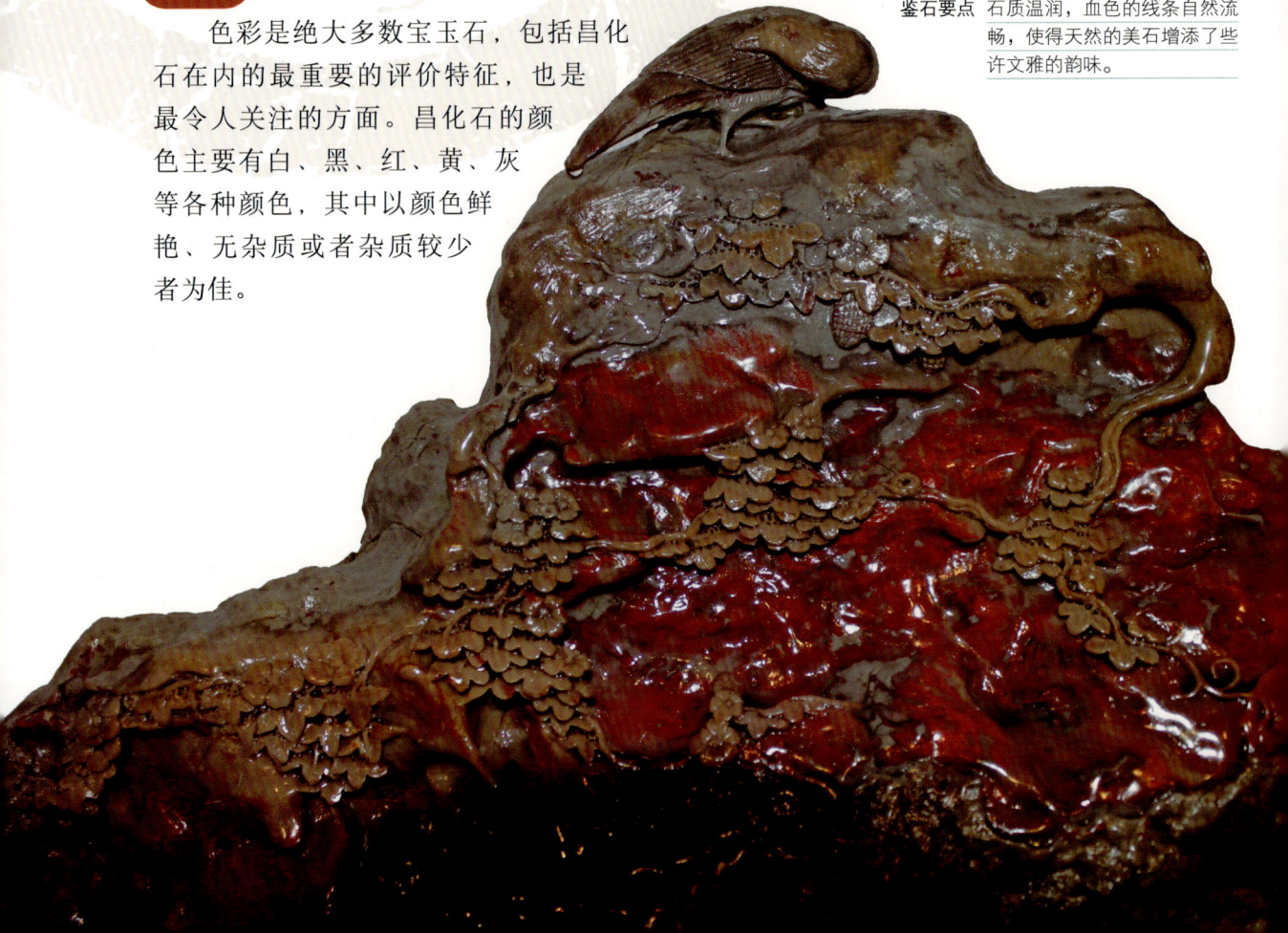

色彩

色彩是绝大多数宝玉石，包括昌化石在内的最重要的评价特征，也是最令人关注的方面。昌化石的颜色主要有白、黑、红、黄、灰等各种颜色，其中以颜色鲜艳、无杂质或者杂质较少者为佳。

质地

指昌化石的石质、结晶程度。以致密、纯净、硬度适中、孔隙度小、触摸时细腻而固实，没有风化为好，而质地疏松多孔并已风化者为差，若是质地致密均匀、细腻、表面光洁、可鉴为优质品。

纹理

纹理是指昌化石肌理结构的花纹。纹理只有组成一定的图案或有顺序地排列才有意义，比如，灰冻地鸡血石的肌理就显露出云片状的黑斑块及絮状浅色纹理，石体有鲜艳的血块，生动美观。

光泽

是指石材表面洁度、透明度等方面。大多数昌化石的表面都具有油脂光泽，也就是指石头的润度，油脂光泽越大，石头也就越润。昌化石的透明度不高，大多不透明、微透明。

丰度

是指昌化石的种类品种分布情况，产出量的丰富程度或稀少程度。近年来，昌化石的开采难度越来越大，所以好的原石往往价格也被炒成"天价"。

完整度

是指昌化石的块度大小。石头的块度越大，且表面没有任何损伤痕迹和大的缺陷，肌理花纹图案稀奇，富有变化，色彩搭配合理，这样才能称得上完美。

和谐·昌化鸡血石

尺 寸	50厘米×30厘米
鉴石要点	俏色巧雕，利用石材的不同颜色，雕刻黑色的荷叶，舒展饱满，荷叶内部是一只硕大的布满鸡血的山石，温润凝透，底座配莲子，造型生动，雕工细腻。

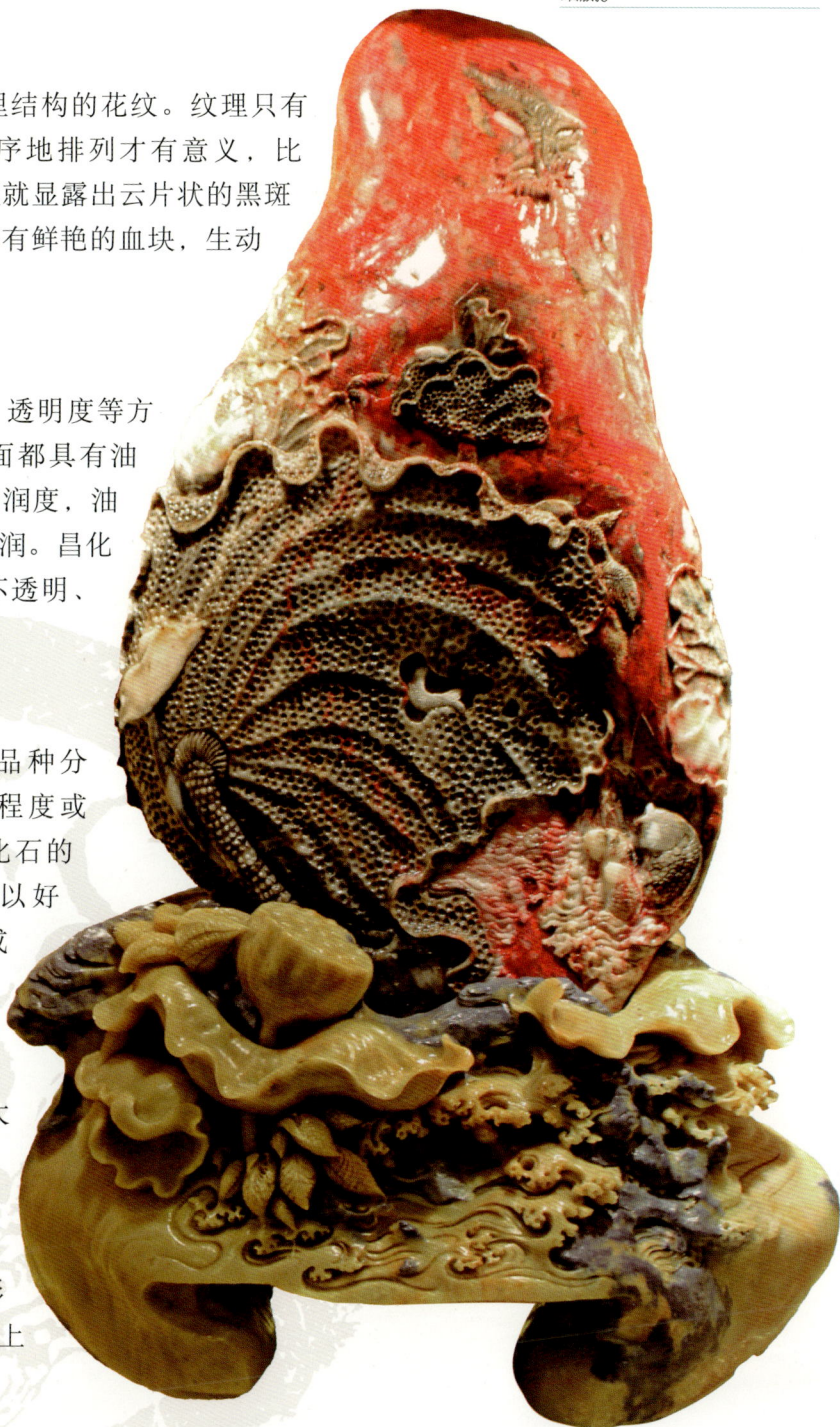

鉴定家辨识昌化石的秘诀

　　现代书法家、篆刻家邓散木在其所著的《篆刻学》下篇"昌化石"一节中记载："昌化石有水坑，旱坑之别。水坑质理细腻，旱坑枯燥坚顽且多砂钉、钉坚逾铁，不能受刃。故昌化石以水坑为贵。至其品之高下。则在地，在血地以羊脂冻为上，白如玉，半透明；乌冻次之，深灰色半透明，乌冻之血，多楮黯，以鲜红为贵，黄冻又次之，褐黄色微透明；灰冻又次之，作淡灰色，微透明或不透明，俗称牛角冻；兰地、绿色为最下。血以全红为上(即四面和顶底六面红)四面红次之；对面红又次之；单面红、顶脚红、局部红为下。其羊脂地又全面红者价逾田黄。（田黄纯者，按其重量三倍于黄金）余以次递杀。"

　　邓散木提到的这种鉴别方法，目前依旧可以作为鉴别昌化石优劣的主要标准，即质地和颜色。通俗地讲，就是质地上以羊脂冻为最贵，其色白如玉，半透明。

　　其次为乌冻，颜色呈深灰色，半透明。颜色上以全红为上，四面红次之，对面红又次之，顶脚红与局部红为最下。

　　如果质地属羊脂冻，颜色为全红，这样的石头最为珍贵，价值甚至超过田黄。

鸿运·昌化鸡血石随形摆件

尺　寸　90厘米×105厘米

鉴石要点　原石经过打磨后露出内部的鸡血纹路，呈现的是一种原汁原味的自然美。

荷塘情趣·昌化藕粉地鸡血石

尺　　寸　18厘米×21厘米

鉴石要点　如篷的荷叶密密而布，点点红蕊或含苞、或怒放；鸟儿栖息荷丛中，悠闲自得，一派生机勃勃之象，使人自然联想起南国荷塘的迷人景色。

石韵·昌化鸡血石

尺　　寸　63厘米×55厘米

鉴石要点　灰黑的地色上零星飘落着几片鸡血，如山间的云雾若隐若现，山随云飘，气势不凡。

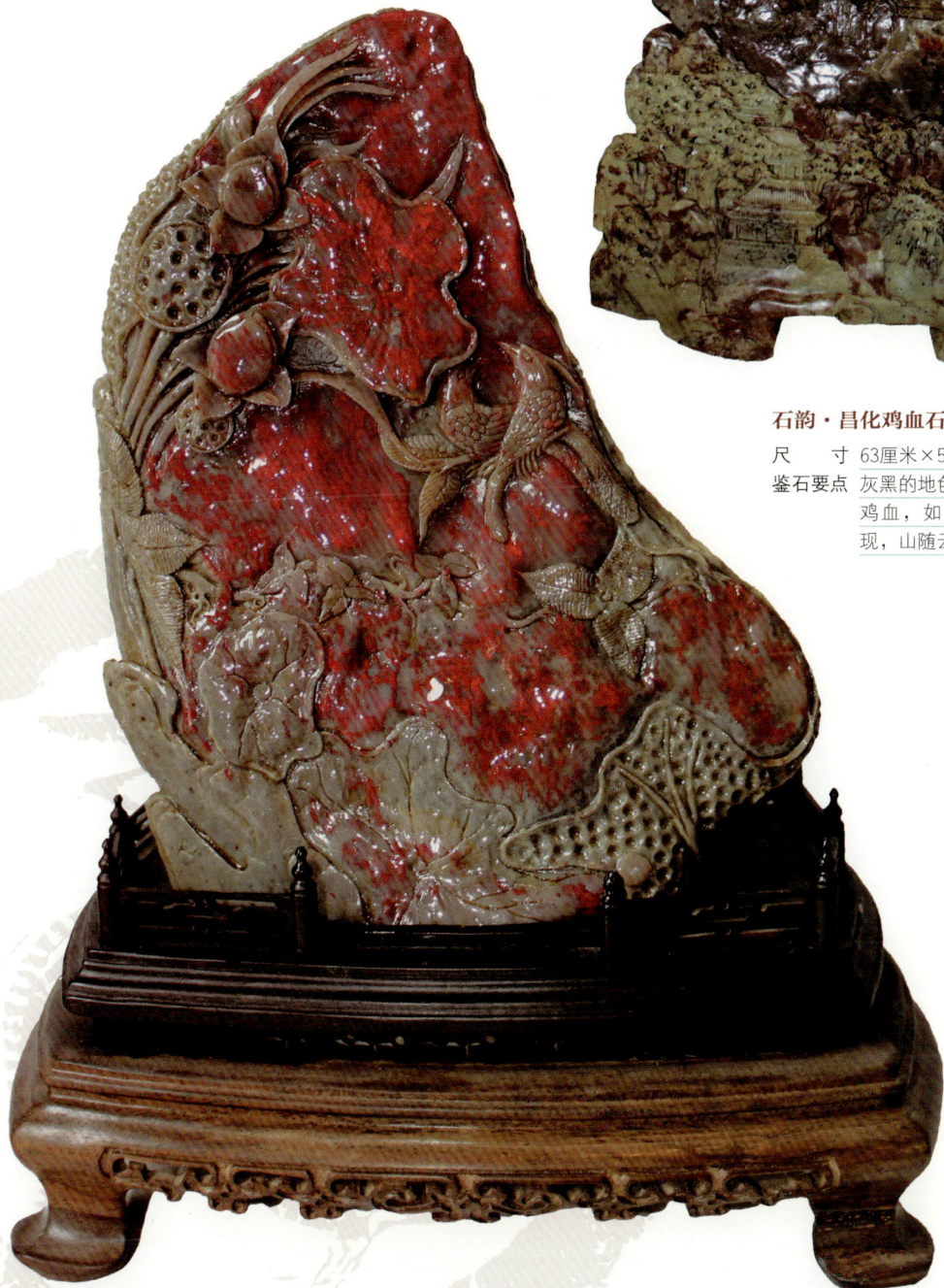

江山万里·昌化藕粉地鸡血石

尺　寸　35厘米×45厘米

鉴石要点　云遮雾掩，崇山连绵，山石挺拔，林木葱郁，林木间有片片鸡血萦绕，如雾如烟。

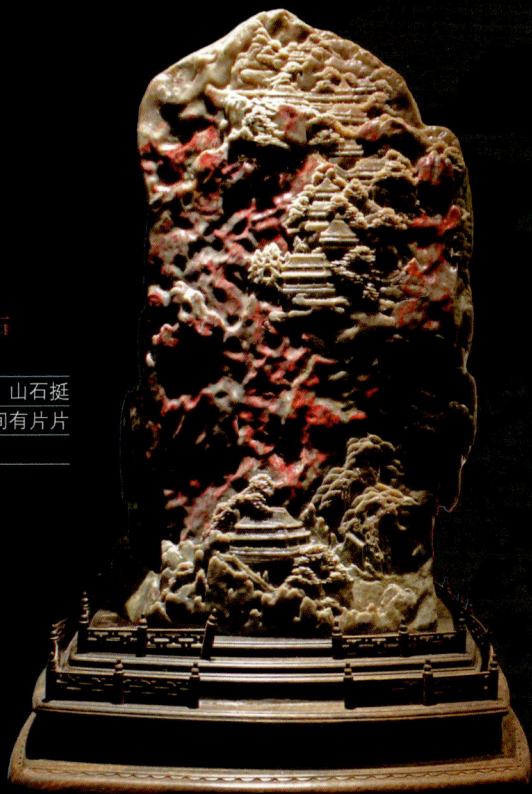

奇峰独秀·昌化鸡血石

尺　寸　33厘米×64厘米

万王之王·昌化鸡血石

尺　　寸　30厘米×20厘米
鉴石要点　鲜红的鸡血布满石头的通体，
　　　　　顶部精雕一只孔雀造型，雕刻
　　　　　细腻，颜色利用得当，自然
　　　　　美观。

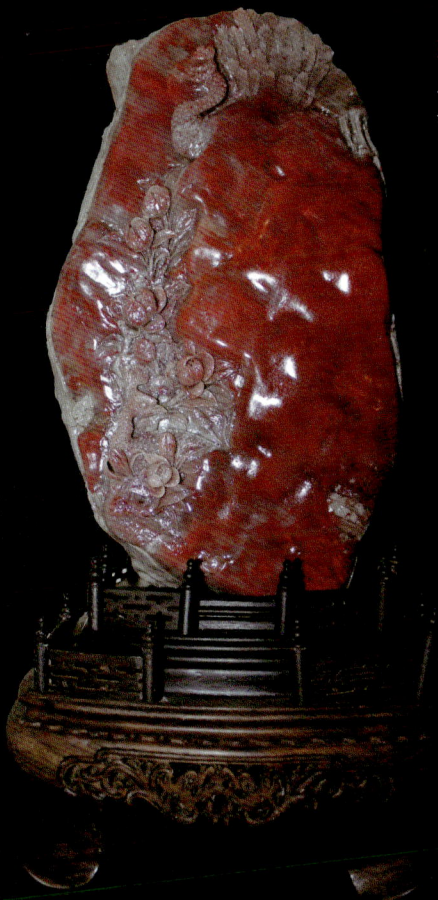

深山长谷·昌化藕粉地鸡血石

尺　　寸　32厘米×43厘米
鉴石要点　血色如云雾一般漂浮，若隐若
　　　　　现，石上层峦耸翠，怪石嶙
　　　　　峋，宫室参差错落，檐牙高
　　　　　啄，精巧工致。

昌化鸡血石的品级鉴别

登峰造极·昌化牛角地鸡血石

尺　　寸　28厘米×50厘米×17厘米
鉴石要点　石材表面鸡血密布，如日出日落时霞光散射的美景一般，霞光万道，瑞彩千条，整体气势磅礴、浩大。

昌化鸡血石是昌化石中最为名贵的品种，目前造假也主要集中在这类石头上，所以在选购鸡血石的时候更要留心注意。判断昌化鸡血石的质量优劣的要素主要有血色、血量、血态、血块、血质、血瑕等六项主要评价指标。拿到一块鸡血石，要判断其品质首先要从鸡血颜色的浓艳度和鸡血量的多少及血形的状态、聚散、薄厚等来鉴别。

血色

鸡血的颜色可分为浓、清、散三级，以血浓者为上乘。同级鸡血浓度又可分为三级，以鲜红级来说，又可分为浓鲜红、清鲜红、散鲜红，以浓鲜红为上乘。

造成血色不同的原因是辰砂颗粒的大小、密集程度及混杂在辰砂中其他杂质的成分多少。鲜红血给人以鲜艳欲滴、鲜活灵动的美感，是鸡血中最为名贵的血种，主要是因为内部所含辰砂的颗粒大，分布密集，含杂质少。

同一方鸡血石印章中，也可同时存在二至三个等级的血色，此时必须确定以哪一个颜色等级为主，以便准确地划归到相应品级的鸡血石中，从而正确估价。

血量

血量的判断是指鸡血石材料上面血的百分比。一般而言，血量大于30%者为高级品，大于50%者为珍品。成品方章上血量的要素不仅包含血量多少，而且还讲究血面多少。

"全红为上"，即指全血方章或六面有血的方章为上品，而四面红、三面红、单面红依序次之。

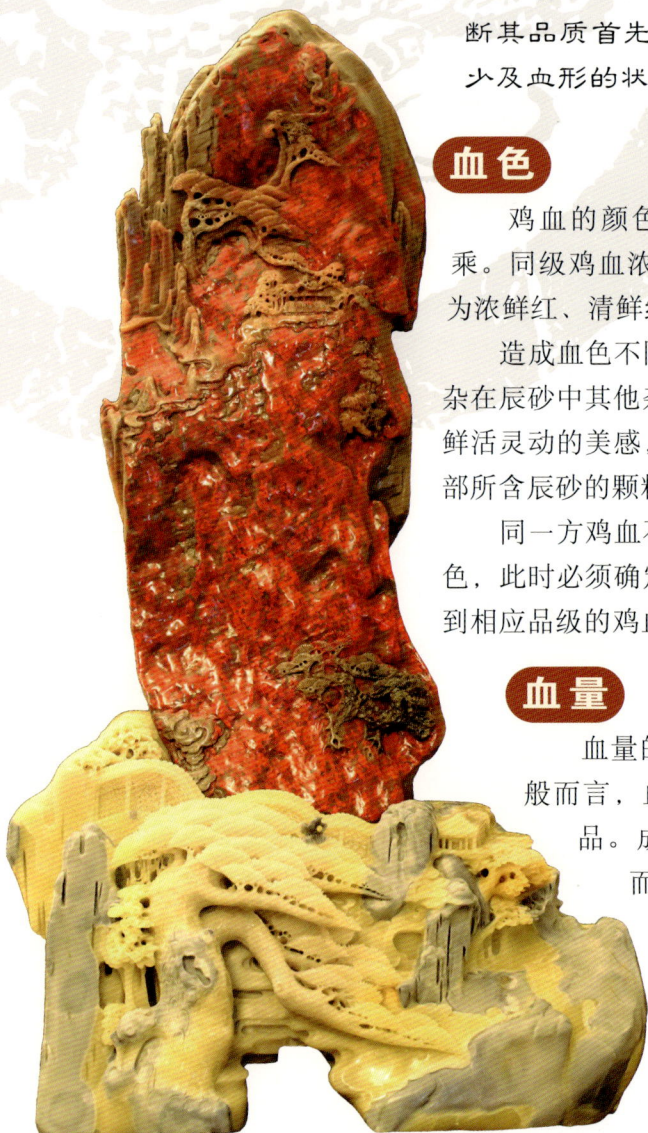

血态

是指血的形态，可分为团块状、条带状、云雾状、星点状四类，以团块状为贵，其次是条带状。血形如处在独特、巧妙的地方，或形成象形的图案，也会使其价值倍增。

有的鸡血石比较粗劣，血块不够成熟，石贩子就把它用油炸一下，使里面的血色外露，如果不注意识别很容易上当受骗。事实上鉴别的方法也很简单，只要用刀在红处轻轻地刻划一下，再到亮处去对照，看看划过后所呈的红色和周围的颜色是否相同，若不同，则很有可能是伪制。

血质

鸡血石质地的好坏也是鉴别鸡血石优劣的基础。质地可以从其颜色、透明度、光泽度和硬度等几个方面来评判。

颜色，无论单色或多色，均以色细腻、纯净、悦目为佳，如能象形，则更佳。

透明度，依次分为半透明、微透明、不透明，一般来说，透明度越高质量越好。透明度高的原石如果有泥灰附着，不易辩认，用水清洗或在局部用水砂皮打磨后，即可清楚呈现。

光泽度是指鸡血石表面对光的反射强度。辰砂不透明反射率为26.8%。在实际鉴别中一般只用肉眼观察就可，基本不需要用仪器测试。

蜡状光泽度是昌化鸡血石的主要光泽，蜡状光泽强弱也是鉴别鸡血石质地优劣的标准之一。一般说，蜡状光泽强，透明度高、硬度也低，鸡血石质量就好，反之，若蜡状光泽弱，硬度高，鸡血石质量也差，以细腻、光泽强的为佳。

旭日东升·昌化田黄鸡血石

尺　寸　34厘米×27厘米×15厘米

鉴石要点　质地通灵透亮，细洁温润，顶部雕刻一轮正在冉冉升起的旭日，黄色的地子上布满朱红色的鸡血，让人一见倾心，寓意"旭日东升"。

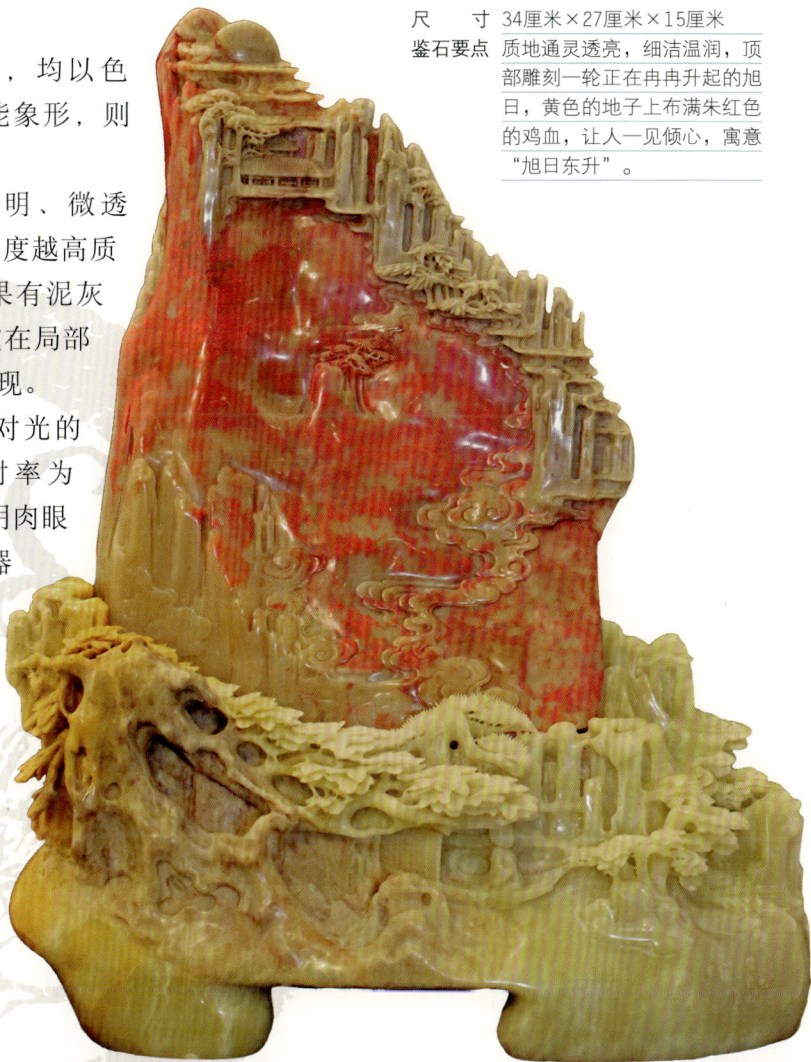

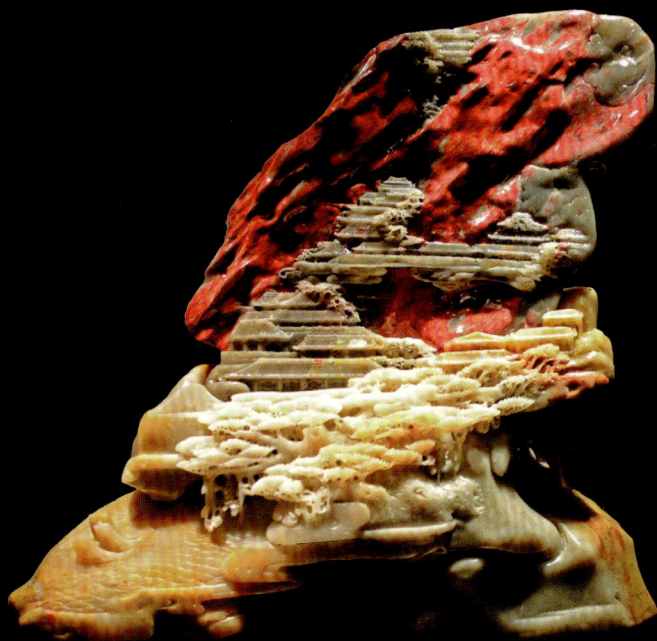

洪福高照·昌化鸡血石

尺　寸　38厘米×34厘米

鉴石要点　鸡血浓艳，就好像一块红布一样罩在山庄的四周，特别是顶部的那一抹红色，更是明艳动人，寓意"洪福高照"。

归巢·昌化朱砂冻鸡血石

尺　寸　30厘米×30厘米

鉴石要点　朱砂地鸡血石，紫红色的地子色如朱砂，其上零星分布着大小不等的鸡血，石上雕刻枝繁叶茂的松柏，成群的大雁，造型生动有趣。

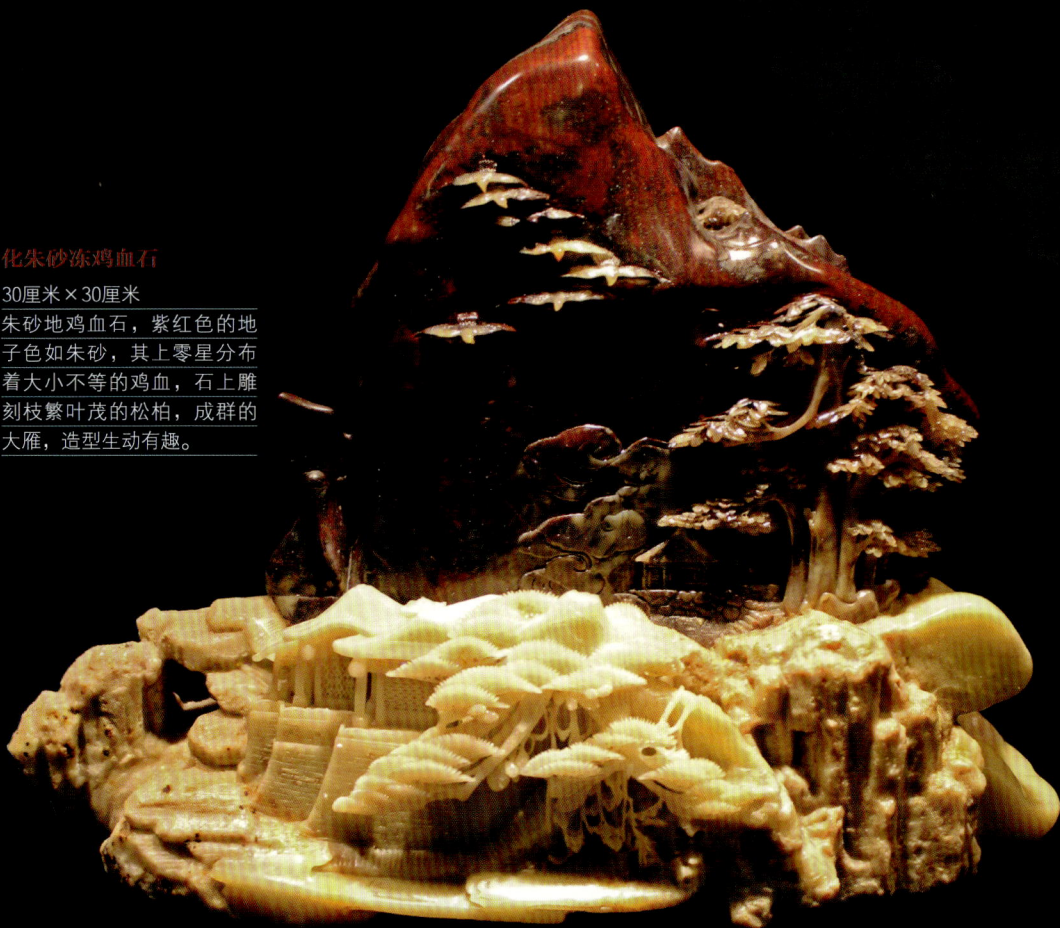

基业常青·昌化鸡血石

尺　　寸　60厘米×70厘米

鉴石要点　鸡血就好像用油漆反复涂在灰
色的地子上一样，浓艳美丽，
从下至上雕刻亭台楼榭，层层
相连，气势壮丽美观。

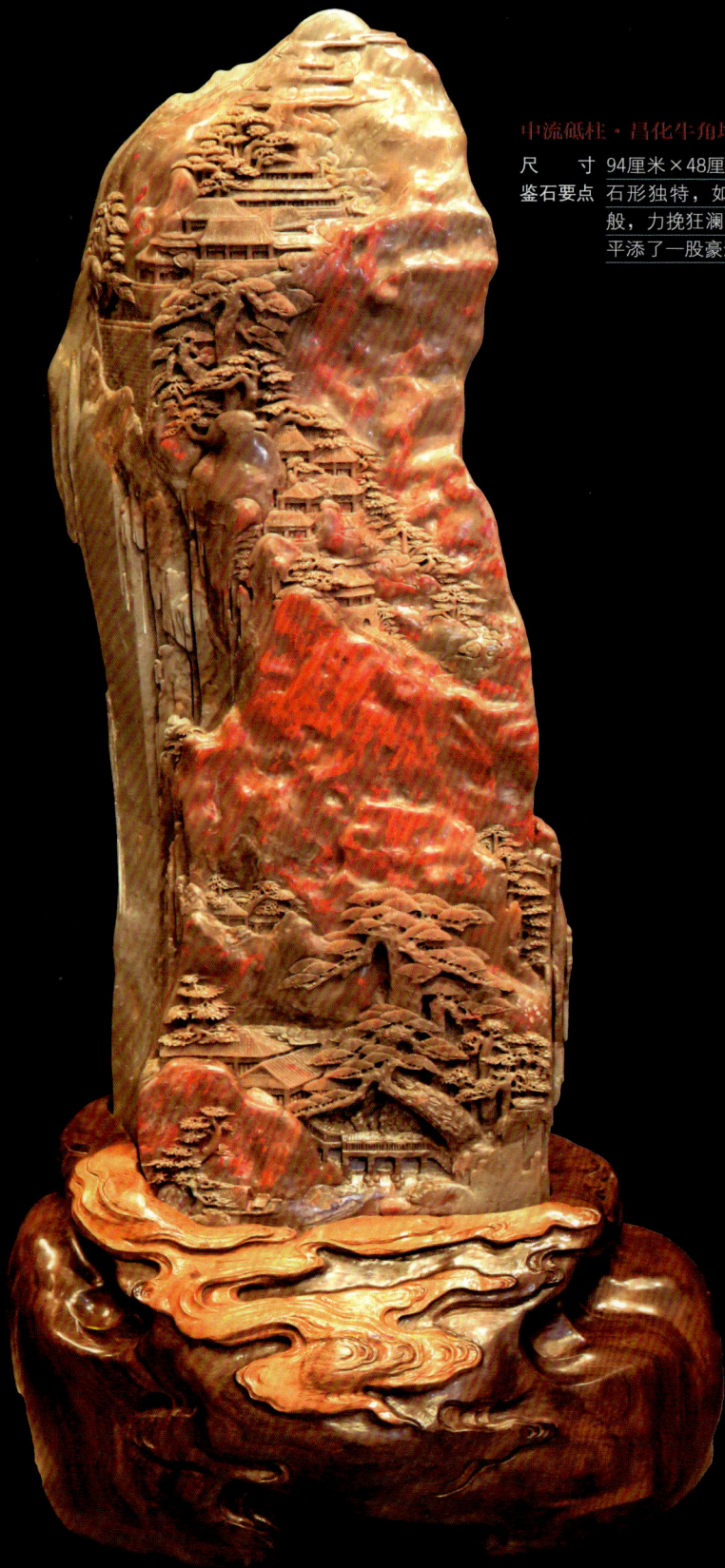

中流砥柱·昌化牛角地鸡血石

尺　　寸　94厘米×48厘米×30厘米

鉴石要点　石形独特，如黄河激流中的砥柱山一般，力挽狂澜于将倒之际，点点血色更平添了一股豪迈之气。

瑶台山庄·昌化牛角冻鸡血石

尺　　寸　65厘米×73厘米

鉴石要点　血色虽然暗红，但血量较大，遍布通体，一点一点的鸡血在灰色地子上跳跃翻腾，如过江之鲫一般翻飞游动，造型饱满，气势不凡。

昌化鸡血石的造假鉴别

近年来，石头成为人们投资收藏的一个新兴渠道，昌化石的价格也跟着水涨船高，于是不少人为了牟利采取以次充好、造假等手段来欺骗那些初入此行的收藏者。昌化石品种繁多，全部集中陈列在一起，要求一一道出其品名，别说一般的昌化石爱好者，就是行家里手，恐怕也会眼花缭乱。尽管目前市面上常见的昌化石只有二三十种，但是，色泽相近、品质相似、肌理相似者，也不乏有之。再加上造假技术也渗透到昌化石市场之中，这就使昌化石的鉴别显得更加复杂，从而也增加了鉴别的难度。在这种情况下，如何解决打眼的事情，就需要在观赏购买的时候擦亮眼睛，掌握昌化石的基本知识和优劣判断的鉴赏要点。昌化鸡血石的作伪方法主要有涂抹法、拼凑法、合成法、换名法等。

前程锦绣·藕粉冻鸡血石

尺　寸　30厘米×55厘米
鉴石要点　石质细腻，大红的鸡血如繁星一般点缀其上，石上雕刻牡丹图案，花朵卷曲翻转，花叶舒展轻盈，寓意"前程锦绣"。

涂抹法

用涂抹的方法处理鸡血石主要用在大的印章和雕件上，先找一块质地中等但没有鸡血的昌化石雕刻成印章，之后找来大红的油漆，参照昌化鸡血石的血形和大小，把大红油漆涂抹在印章上，等油漆彻底干燥后，再把印章放到透明的树脂里浸泡数天，之后拿出来在阴凉的地方晾干即可。

对于这种作伪之法，如果切割开印章的横截面就可以清楚地看到内部呈现双层结构，里面的一层是颜色单一的方形印石，或黄或灰或白，没有任何红色；外面的一层是一圈半透明或透明的树脂胶，不后不一，胶内部包含着一缕缕红色。用涂抹法制作的假鸡血石，在市场上被称为"工艺鸡血"。

在鉴别这类造假石材时，要注意用涂抹法处理过的鸡血石表面不是真正的石面，而是一层树脂，所以在正常的光照下观察其外表会呈典型的树脂光泽，就是特别亮。而天然的鸡血石是蜡状光泽，亮度柔和。还有假血是手绘涂抹的大红油漆，血色单一，血形单调呆板，很不自然，不像天然鸡血石，其血色深浅变幻，血形自然流畅。

处理鸡血石的外层为树脂，将其拿在手中或者贴在脸部时会有一种温热的感觉，而天然鸡血石是一种冷冰冰的凉感。用刀尖在底面点刺，天然鸡血石呈白点，有脆感；而假鸡血石无白点，有韧感。从光学上判断，处理鸡血石为树脂胶和油漆，有荧光效应，地子为白荧光，油漆为红色荧光。而天然鸡血石辰砂无荧光，地子有局部荧光。

在早期由于树脂的品种单一以及造假手法不高，这种处理方法的涂层比较厚，用肉眼就能识别出来。近年来，造假手段不断翻新，一些造假者采用了新的树脂品种，高透明度，黏度高，耐老化，可以涂很薄一层，里面的原石颜色和结构都比较清楚，不注意很容易上当。

花开富贵·昌化黄玉地鸡血石

尺　寸 20厘米×30厘米

鉴石要点 造型别致，血色或呈云雾状映照弥散，或呈丝缕状飞流而下，纹理变化无穷。石上采用浮雕、镂雕技法雕刻盛开的牡丹，寓意"花开富贵"。

福地洞天·昌化牛角地鸡血石

尺　寸 25厘米×36厘米

<

春华秋实·昌化荔枝冻鸡血石

尺　寸　62厘米×50厘米×25厘米

火烧云·昌化藕粉地鸡血石

尺　寸　30厘米×21厘米×8厘米

鉴石要点　血色浓郁，遍布通体，就好像夏日里的火烧云，红彤彤、金灿灿，映红整个天际。

拼凑法

　　拼凑法是将多个小块的鸡血石用胶拼接在一块大的天然的印章或者雕件表面，然后对其黏接部位做工艺雕琢处理，使其变得隐蔽，冒充大块整体鸡血石；或选用一块质地较好的无血的印章石，择其几面醒目的地方，分别挖出几个大小形状、深浅不一的坑，然后用鸡血石碎料蘸胶水嵌入，让其自然干燥后磨平，在镶嵌的细缝和空当处添入石粉和胶，待干燥后再磨平，打蜡上光即成。

　　拼凑法多用于中件或大件的鸡血石雕，这种处理的鸡血石较易鉴别，其拼接部位往往出现低洼沟，两侧血形、血色、地子以及纹理不连续，仔细对比可发现两部分之间没有过渡的色阶，缺乏层次，血色血形紊乱，变化不自然。

合成法

　　合成法就是用矿物岩粉调上红色的颜料上胶后，用树脂调和成块状，经过高温、高压成型后，通过打磨、抛光做成鸡血石章料。

　　这种料粗看与真的鸡血石极为相似，但这种假鸡血石密度低分量轻，易于被识别。于是有的假冒者就用金属做芯，增加假鸡血石的分量，以达到石头的感觉。

　　这些仿制品大多要混放在一些真的鸡血石中，让买家自己挑，买家很容易上当。辨别这类假鸡血石的办法是除了用手掂其重量外，还可以拿磁力非常大的磁铁，放在表面，由于其内部为金属做芯，磁铁就会吸住它。这种合成法是一种比较低端的造假方法，一般蒙的都是缺少鉴别知识的外行。

贵州鸡血原石

尺　　寸　15厘米×18厘米

换名法

近年来，市场上还出现了桂林"鸡血石"、贵州"鸡血石"、甘肃"鸡血石"、新疆"鸡血石"等。桂林鸡血石产于桂林龙胜县，是由火山喷出物变质而成，这种石头的地子以黑、赭黑、紫黑色为主，也有少数土黄色、灰白色。血色的形状多呈现块状、条带状、不规则的纹丝状，多呈棕红色。主要矿物成分是石英和玉髓，不含汞，红色来自所含的赤铁矿，摩氏硬度6.5～7度。

贵州鸡血石是近年进入雕刻石市场的"新兵"，由于是最近几年才进入市场的，所以价格相对较低。摩氏硬度为4～4.5度，主要矿物成分是方解石，致"血色"的成分也和昌化鸡血石一样是辰砂（硫化汞）。除硫化汞外，还含有少量的致色元素铁、钛，它们是深色染剂，这些元素的含量多寡是石头呈现不同红色的主要原因，含量多则血色呈暗红色。贵州鸡血石的地子局部通常有微透明的晶块状，颜色多以黑、白、灰为主，性坚脆，干涩少光，血色鲜亮红艳，多呈凝结的块状，缺少层次。

贵州鸡血石主要产自贵州省贵黔南布依族苗族自治州三都水族自治县，所以在当地也叫"三都鸡血石"，现探明储量为23万吨。贵州鸡血石的开发目前已经引起当地政府的重视，在当地已形成了以鸡血石为原料的雕件、摆件、挂件加工和销售市场，有许多来自全国各地的藏石爱好者悄悄到三都"淘宝"，其中以浙江和江苏人居多。

甘肃近年也发现一种含有"鸡血"的矿物，但存量不大。而新疆的"三彩玉"有红、黄、白三色，红色的也被当做鸡血石流入市场。

尽管这些鸡血石的硬度较高，不具备昌化鸡血石和巴林鸡血石适合刻章的特点，但是观赏性也很强，因此也受到那些没有能力追逐昌化和巴林鸡血石的收藏者的接受。

桂林鸡血石

世外桃源·贵州鸡血石
尺　寸　85厘米×106厘米×47厘米
鉴石要点　贵州产的鸡血石被行内公认为品质很高的观赏石，但原来一直被用作炼制汞的原材料。随着昌化和巴林鸡血石的走俏，以及资源的枯竭，贵州鸡血石作为一个新的收藏、雕刻品种，正被越来越多的人喜爱和接受，也正慢慢走向艺术市场。

万山红遍·贵州鸡血石

尺　　寸　90厘米×170厘米×50厘米

鉴石要点　贵州鸡血石虽然其颜色鲜艳不亚于昌化、巴林鸡血石，但是它的地子透明度差，光泽感不强，显得有些干涩，使得血色不活，缺乏灵动感。

西泠印社的篆刻之优

西泠印社创立于清光绪三十年（1904），是中国现存历史最悠久的文人社团，也是海内外成立最早的金石篆刻专业学术团体。

西泠印社社址坐落于浙江省杭州市西湖景区孤山西麓，南至白堤，西近西泠桥，北邻里西湖，占地面积7088.86平方米，建筑总面积1749.77平方米，为国家重点文物保护单位。社址内包括多处明清古建筑遗址，园林精雅，景致幽绝，人文景观荟萃，摩崖题刻随处可见，有"湖山最胜"之誉。

西泠印社由浙派篆刻家丁仁、王禔、吴隐、叶铭等召集同人发起创建。1913年，近代艺坛巨擘吴昌硕出任首任社长，盛名之下，天下印人翕然向风，东瀛名家河井荃庐、长尾雨山渡海来归，一时精英云集，入社者均为精擅篆刻、书画、鉴藏、考古、文史等的卓然大家。

创立以来，西泠印社始终以一种现代意义的社团组织形式从事古典的艺术探索，以宽松的运作理念主张艺术的多元性，

昌化组合印章石

尺　　寸　3厘米×3厘米×7厘米（均）

延续着创社以来每年春秋两季雅集、逢五、逢十周年庆典和社员不定期聚会的社团运行模式。每年以孤山社址为中心，公祭印学先贤、举办社员作品和藏品展览、开展学术研讨和交流等活动，诗词吟咏、笔墨酬唱、赏鉴珍藏、品茗清谈均无不可，在传统文化土壤日渐衰微的当代文化环境下，依然生动完好地保存着具有传统文人气质的文化形态。

除金石篆刻与书画艺术的创作研习之外，西泠印社在文物收藏与研究、编辑出版、对外文化交流等领域均有重要建树，藉海内外社员与各界贤达之力，对各类文物遗存博采旁搜，藉资考古，位于孤山西泠桥畔的中国印学博物馆为中国惟一的印学专业博物馆，西泠印社印学图书馆则专收一切考论金石、古器、书画等之书籍，供同人鉴赏研究之用。西泠印社还搜辑、考订、出版了大量印谱、碑帖与印学研究著作，刊行海内外。西泠印社还着力于篆刻艺术的传承、普及与推扬，自上世纪80年代以来，连续举办篆刻作品评展、国际篆刻书法作品展等大型专业赛事，近年来还举办了西泠印社国际艺术节、"百年西泠·中国印"、"百年西泠·西湖风"、"百年西泠·金石缘"等大型国际性艺术选拔和创作、展览、研讨活动，在海内外印学界产生广泛影响。

西泠印社于2004年经国家民政部批准注册登记。2006年，"金石篆刻（西泠印社）"成为首批国家级非物质文化遗产代表作。2009年，由西泠印社领衔申报的"中国篆刻艺术"成功入选联合国教科文组织"人类非物质文化遗产代表作"，进一步确立了西泠印社作为篆刻传承代表组织和国际印学中心的地位。时至今日，西泠印社秉承"保存金石、研究印学，兼及书画"之宗旨，融诗书画印于一体，已成为海内外研究金石篆刻历史最悠久、成就最高、影响最广的艺术团体，在国际印学界享有崇高地位，有"天下第一名社"之盛誉。

黄宾虹印章·昌化石
尺　寸　1.4厘米×1.4厘米×3.1厘米
鉴石要点　印面"潭上质"，边款"拟秦小鈢刻寄滨虹社长，壶父"。

深山访友·昌化田黄石

尺　寸　<u>10厘米×8厘米×15厘米</u>

第五章

买卖不打眼，昌化石与其相似石材的鉴别

昌化鸡血石与相似玉石的鉴别

鸡血石由于含有最具特征的"鸡血"，并与较软的黏土矿物集合体配合，一般不会与其他玉石混淆。不过，外观或名称与鸡血石相似的玉石仍有几种，如俗称的寿山桃花冻、血玉髓、朱砂玉以及染色岫玉等。

鸡血石与寿山桃花冻的区别

桃花冻是寿山石中的一个品种，属于寿山石水坑石的一种，又名"桃花红"、"桃花水"、"浪滚桃花"等。桃花冻的特点是在白色透明的石质中，含有鲜红色的细点，疏密有致，浓淡相宜，看起来就好像春季里桃树上一片一片的花瓣。

寿山桃花冻石非常名贵，比较少见。《后观石录》记载："桃花水——石有名桃花片者，浸于定磁盘水中，则水作淡淡红色，是其象也。或曰：如酿花天，碧落蒙蒙，红光晻然，宜名桃花天。旧品所称'桃花雨后，霁色茏葱'。庶几似之。"又云："石类水色中有红白花片，随水上下"。

桃花冻的地与白地昌化鸡血石的地极为相似，二者之间的区别就在于红色的形态、大小和分布特征不同。桃花冻的红色呈圆点状，仅米粒大小，或密或稀，均匀分布；而鸡血石的血则呈块状、条状和点状以及它们的组合形态，血可大可小，血的分布千姿百态。

狮钮印章·寿山高山桃花冻石

尺　寸　4厘米×4厘米×15厘米

鉴赏要点　桃花冻地的寿山石与昌化鸡血石的区别在于两者红色的形态和大小等特征各异，桃花冻的红色一般多成点粒状，而鸡血石则是片状或线状，且颜色艳丽。

鸡血石与血玉髓的鉴别

血玉髓是玉髓的品种之一，其构造为纤维状，深红色，蜡状光泽，断口油脂光泽，透明，无解理。血玉髓又可称为血星石，在古代切磨过的血玉髓被形容为是太阳的反射，因为其颜色好似红太阳反射映在海面上。玉髓是石英的隐晶质异种，主要产于花岗伟晶岩脉晶洞和热液脉中。

〔产地分布〕

玉髓的产量非常丰富，它的产地分布也非常广泛，世界上很多国家都有优质的玉髓出产，主要有美国、日本、印度、俄罗斯、巴西、乌拉圭等等。中国的玉髓产量也非常丰富，分布非常广泛，几乎各省都有玉髓产出，主要有辽宁、黑龙江、内蒙古、河北、宁夏、新疆、江苏、安徽、湖北、云南等地。

〔血色对比〕

血玉髓在中国一些地方也被称为"鸡血石"，但此"鸡血石"与昌化鸡血石有着本质的不同。

血玉髓与鸡血石的区别，首先可从血色上鉴别，血玉髓中的血红色大多呈斑点状、星点状和血滴状；而鸡血石中的血红色呈团块状、条带状和星点状及其他的组合形态。

血玉髓中的血通常呈红至棕红色；而鸡血石中的血通常呈鲜红或朱红色。

血玉髓的地子多数是呈暗绿色；而鸡血石的地可呈各种颜色，并有单色和多色之分，且很少呈暗绿色。

血玉髓呈玻璃光泽，贝壳状断口，并呈蜡状至玻璃光泽；而鸡血石呈蜡状光泽，贝壳状至平坦状断口。

金蟾·彩色玉髓
尺　寸　13厘米×11厘米

〔质地对比〕

血玉髓最显著的特征是摩氏硬度大，在6.5～7度之间，这样的硬度用小刀根本刻不动；而鸡血石通常较软，摩氏硬度2～4度，极易被小刀刻动。

鸡血石与石英岩的鉴别

含辰砂而呈鸡血红色的致密块状的石英岩，俗称"朱砂玉"亦称"牡丹玉"，是1981年在吉林发现的一个新玉石品种。

独树一帜·昌化朱砂石

尺　　寸　24厘米×26厘米×11厘米

鉴石要点　质地细腻，色如朱砂，雕刻的造型如一座伟岸的高山，山下有激流而过，颜色利用得当，造型独特。

【朱砂玉的独有特点】

朱砂玉是一种以红色为主色调的碧玉岩，主要颜色有鸡血红色、暗红色、紫红色、褐红色，还有枣红色、橙红色及黄、黑、白、绿等丰富的颜色，各种颜色在同一块玉料面上构成了美丽的天然图案。

朱砂玉常被作为观赏石，其自然形成各种逼真图案、或凤凰展翅、或群龙戏水、或岩浆涌动、或山水相依、或八仙过海、或佛祖施恩。正可谓仁者见任智者见智，可让人浮想联翩，所有的图案千娇百媚、栩栩如生、极具观赏性。

【血色对比】

与鸡血石相比，朱砂玉内部也含有形成鸡血的辰砂，但朱砂玉中的辰砂非常细小，多均匀分布，呈朱红或鲜红色，局部紫红或淡暗红色，但也有类似缠丝玛瑙的暗红色环；而鸡血石中的辰砂虽然非常细小，但并非均匀分布，因而多呈脉状、块状或丝状。

【材质对比】

朱砂玉的外表呈金刚光泽至油脂光泽，不透明；而鸡血石呈蜡状光泽，不透明至半透明。

朱砂玉细腻致密，肉眼见不到石英颗粒，质地坚硬，摩氏硬度为7度，用小刀刻划不动；而鸡血石质地柔软致密，摩氏硬度较低，很易被小刀划伤。

朱砂玉的密度较大（3～6克/立方厘米），用手掂有沉坠感；而鸡血石的密度稍小（2.53～2.68克/立方厘米），用手掂较轻。朱砂玉性韧且裂纹少；而鸡血石性韧或性脆，且裂纹较多。

朱砂玉中可见微细石英脉(脉宽约0.1毫米)切穿缠丝状色环，在基质的孔隙中可见亮灰色粒状金属矿物（粒径0.05～0.002毫米）；而鸡血石偶见白色迪开石细脉切穿"鸡血"，在基质中也可见细粒状黄铁矿等金属矿物。

神龙摆尾·昌化荔枝冻鸡血石

尺　寸　20厘米×43厘米×7厘米
鉴石要点　石质通灵冻透，如脂如膏。血色如山间的云雾一样弥漫，映照着整块石材如粉嫩的肌肤一般娇艳，红润艳丽，光泽悦目。浮雕神龙摆尾题材，雕工细腻，造型威猛。

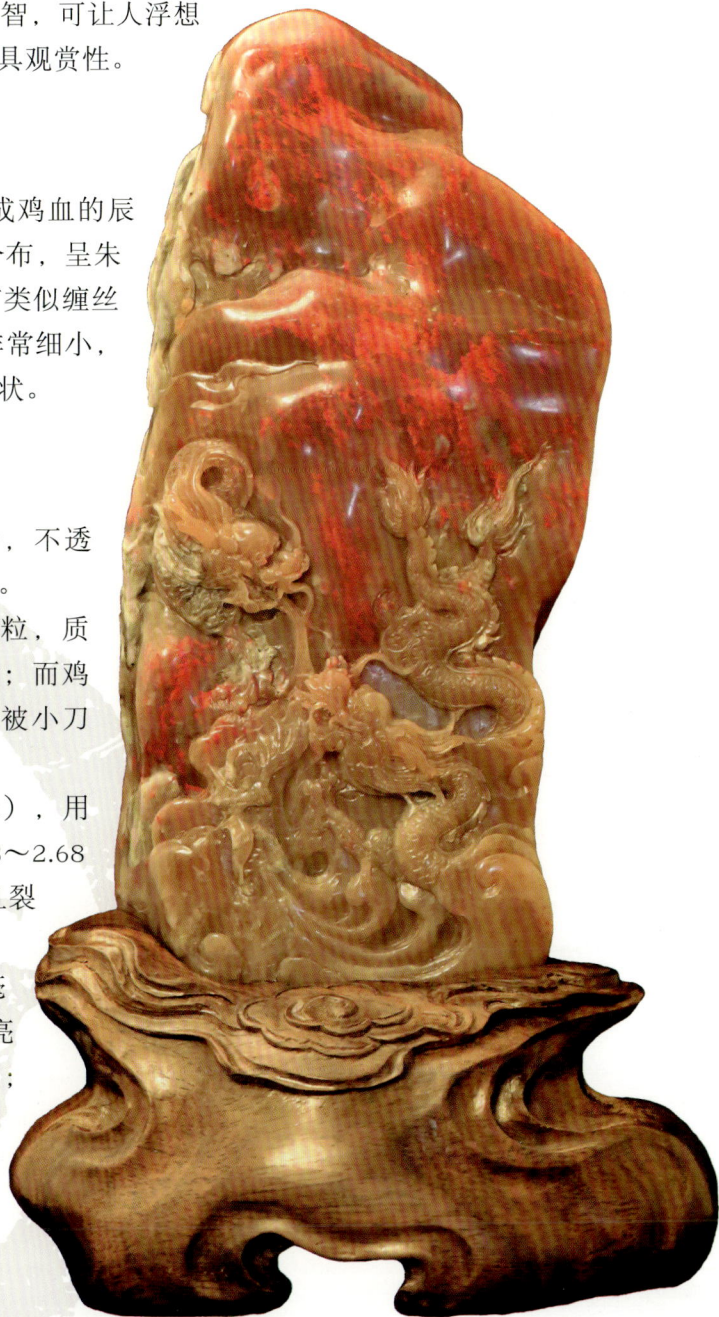

157

鸡血石与染色岫玉的鉴别

岫玉也称岫岩玉，因产于辽宁省鞍山市岫岩满族自治县而得名，岫玉属于蛇纹石质玉石，颜色多种多样，以淡绿为主，兼有黄、白、褐等色，质地较细腻，具油腻或蜡色状光泽，半透明。

〔岫玉特点〕

岫玉在红山文化、良渚文化玉器中时有发现，说明他的应用历史悠久。岫玉由于颜色美观，硬度低，加工性能良好，制作大型玉雕座件和中小型陈设玉时常被列为首选玉种。还被广泛用来制作各种小饰件以及人物、动物等工艺品。

〔染色岫玉〕

染色岫玉，就是将岫玉在火上加热后在红色颜料中放置一段时间，红色颜料就会随着岫玉的沿裂隙沉淀进去，从而使得岫玉的外表呈现"血丝"，这与玉也俗称"血丝玉"。

连年有余·岫玉

尺　寸 17厘米×10厘米×33厘米
鉴石要点 这是件雕工颇佳的岫玉，但有些不法商贩也会找一些材质低劣的岫玉通过染色的方法来冒充鸡血石。

寿星·昌化玻璃冻石

尺　　寸 10厘米×14厘米

鉴石要点 质地细腻通透，颜色白中带黄，雕刻的寿星头部向前隆起，高鼻深目，面目丰颐，长须飘洒，笑容可掬。身着广袖宽袍，一手持仙桃，一手拄杖立于山石之上。人物表情刻画细腻逼真，形态生动。

【颜色对比】

与鸡血石相比，染色岫玉的血色为紫红或玫瑰红色，血色不正，血因受裂隙控制而呈粗细不一的脉状，并构成网状；另外，染色岫玉的颜色主要集中于岫玉的裂隙中，放大观察很容易发现染料的存在。鸡血石的血色鲜艳纯正，血形除呈脉状外，还呈块状和点状。

【地子对比】

染色岫玉的地子呈白或淡绿色，透明度好，多呈半透明状；而鸡血石的地子有多种颜色以及杂色，透明度一般较差，多呈不透明状。染色岫玉多制作成玉佩、手镯等首饰；而鸡血石几乎不用于手镯，偶尔用于玉佩。另外，岫玉的硬度较大，摩氏硬度大于6度，不吃刀。

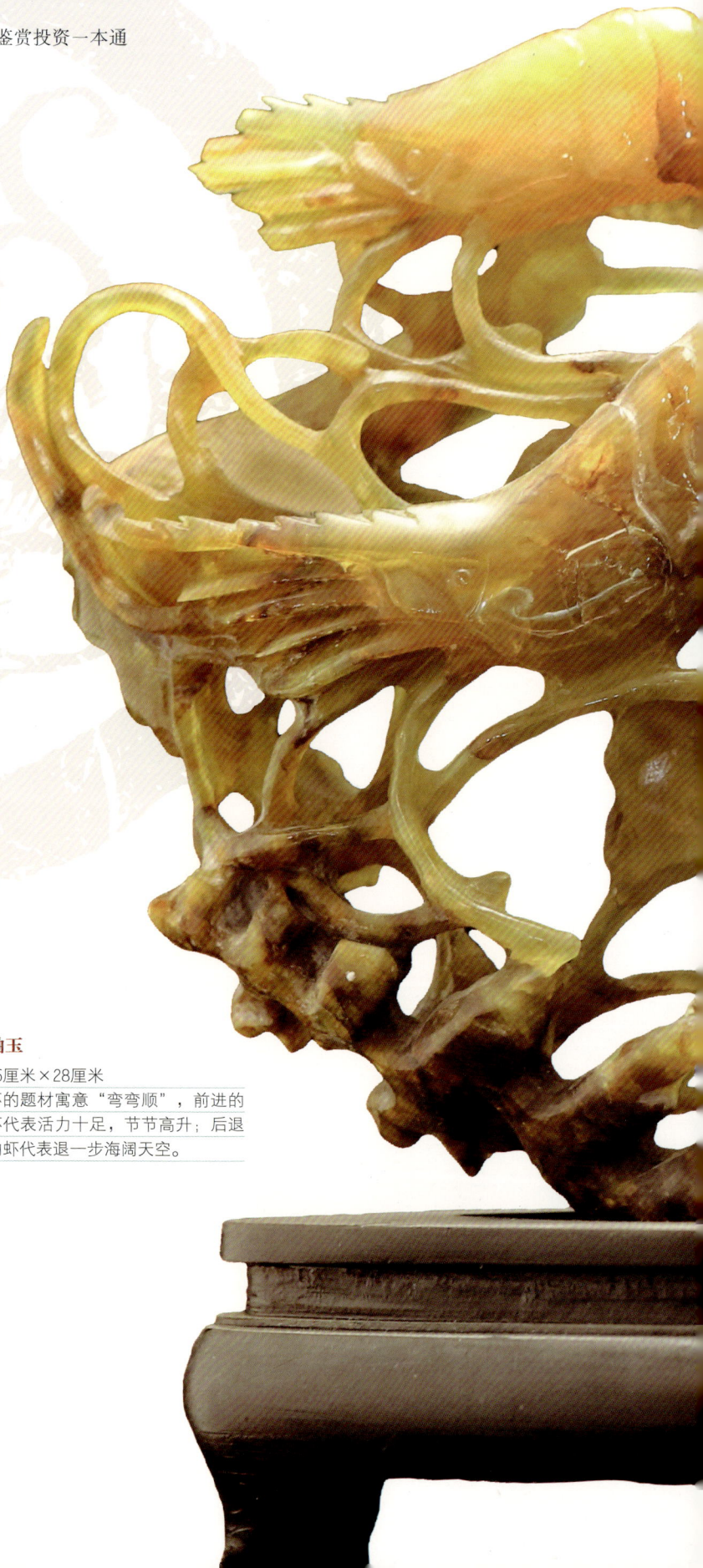

弯弯顺·岫玉
尺　　寸　26厘米×28厘米
鉴石要点　虾的题材寓意"弯弯顺"，前进的虾代表活力十足，节节高升；后退的虾代表退一步海阔天空。

兰花·岫玉

尺　　寸　29厘米×36厘米

鉴石要点　岫玉的地子呈白色或淡绿色，透明度好；而鸡血石的地子有多种颜色，多呈不透明状。

松鹤遐龄·昌化彩石

尺　　寸　27厘米×35厘米×9厘米

鉴石要点　颜色丰富明亮，雕工细腻，利用石材不同的颜色分别雕刻苍松、仙鹤、旭日、祥云等，整个摆件一派祥瑞之气。

昌化鸡血石与巴林鸡血石的鉴别

在判断昌化鸡血石和巴林鸡血石上，可采用两种简易的方法：一是从鸡血石的表面来判断，昌化鸡血石的表面有石英砂粒，砂粒的分散星星点点，并不均匀，但呈现的面积较大；而巴林鸡血石的表面一般很少有砂粒，即使偶尔出现，也会呈现聚集状态，以线状或者局部出现；二是看鸡血石的质地，昌化鸡血石注注以硬地、软地或软硬兼之含有冻筋出现，纯冻的极少，而巴林鸡血石注注以纯冻地或纯软地出现，硬地极少，很少有冻筋出现。

巴林鸡血石的特点

巴林鸡血石属于叶蜡石的一种，主要矿物组成为高岭石族矿物，因主产地在内蒙古自治区赤峰市的巴林右旗而得名。叶蜡石主要由酸性火山凝灰岩经热液蚀变而，在某些富铝的变质岩中也有产出，常与石英、高岭石、蒙脱石、地开石、绢云母以及蓝晶石、红柱石、刚玉等矿物共生。

巴林鸡血王原石

尺　　寸　38厘米×45厘米

鉴石要点　石头质地为深灰色透明的牛角冻地，血色鲜红且集中成片，晶莹欲滴，点点入石。外形如巍然屹立的宝塔，充满王者之气。巴林右旗巴林石博物馆馆藏。

巴林鸡血石的硬度也很低，其摩氏硬度为2～4度，色彩美丽，颜色丰富，地子既有赤、橙、黄、绿、蓝、靛、紫7种基本色素，也有深、浅、浓、淡、清、浊、明、暗等多变色调，成色天然，色彩缤纷。

昌化鸡血石的特点

与巴林鸡血石相比，昌化鸡血石血色鲜活浑厚，纯正无邪，但地稍差，因而有"南血"之称。

由于昌化鸡血石开发较早，宋代时即有开采，所以其知名度比巴林鸡血石要高出一段。清代民间就有"一两田黄三两金，昌化鸡血石没有价"的说法，可见当时其价格就非常昂贵。清乾隆年间所修的《浙江通志》记载："昌化县产图章石，红点若朱砂，亦有青紫如玳瑁，良可爱玩，近则罕得矣"，这一方面可以看出当时昌化鸡血石在民间的流行与影响力；另一方面也可以看出那时候的昌化石就成了稀罕之物，很难大规模的开采了。

奇峰·昌化鸡血石
尺　寸　40厘米×60厘米

用途比拼

和巴林鸡血石一样，昌化鸡血石主要的用途也是制造印章和雕刻品，因为鲜红的鸡血象征大富大贵，所以过去达官显贵的印章一般都是用昌化鸡血石做成，甚至黄帝的国玺也喜爱用此材质。如康熙、乾隆、咸丰、同治、宣统、慈禧太后均以鸡血石为宝玺。1784年，乾隆下江南，临安天目山禅源寺主持曾献8厘米昌化石一方，乾隆大喜，即刻"乾隆之宝"四字，并注明"昌化鸡血石"。1972年，中日恢复邦交，周恩来总理选用昌化鸡血石作为国礼，馈赠日本田中角荣首相珍品印章一对。

地子比拼

巴林鸡血石与昌化鸡血石最大的差异在特征方面：昌化鸡血石的地子比较纯粹，而巴林鸡血石多花纹，所以有"南血北地"之称。"地"是鸡血石中的基质，成分以黏土矿物中的地开石或高岭石为主，颜色多为白、黄、灰等；而"血"则是指鸡血石中的不同色调，成分主要是辰砂（硫化汞）。

水量比拼

巴林鸡血石含水量高，冻性强烈，地子非常通透干净，所以在自然光下看上去晶莹璀璨，灵秀闪亮。而昌化鸡血中的好冻地很少，且多产自清中期以

对章·昌化瓦灰地鸡血石
尺　寸　4厘米×4厘米×7厘米×2

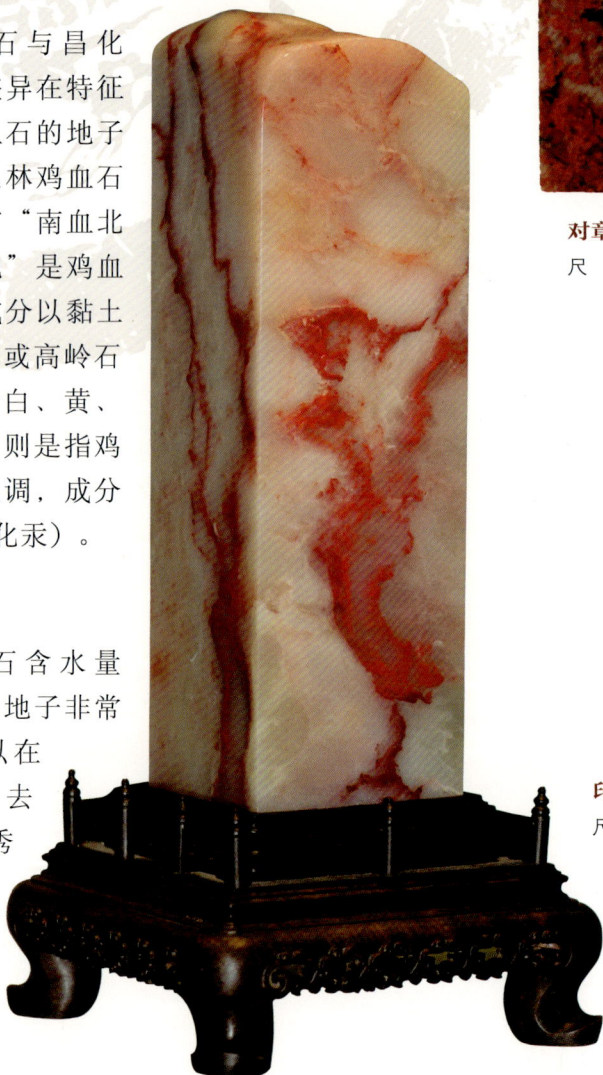

印章·巴林白玉地鸡血石
尺　寸　9厘米×9厘米×28厘米

前。之后的新老坑产鸡血实地为多，半透明或微透明质地的稀缺。即使被看作"冻地"，也比巴林鸡血石的清透度差了很多。巴林鸡血石冻地有的可达到水晶或玻璃一样的透明度，昌化鸡血石的冻地最好的也仅能到半透明的程度。

血量比拼

昌化鸡血石与巴林鸡血石相比，前者的"血"的颜色更加艳丽鲜明。这是因为昌化鸡血石的石质比巴林石略硬，石质更细腻密实，这样血色的聚集密度更大，血色也显得更加厚实丰盈，鲜艳滋润些。另外，一些昌化老坑鸡血石面世已上百年，早就在石表自然沁出一层透明油性"包浆"，血色在油"润"下可能也显得更红艳一些。巴林鸡血色基本都沁染于莹透冻地之中，因此血色就不那么正红和纯红。

漫山红遍·昌化牛角地鸡血石

尺　寸　60厘米×40厘米×20厘米
鉴石要点　血色浓郁，如骄阳一般耀眼夺目，大片的殷红弥漫整个山林，整个作品显得华丽富贵。

熊熊火焰·巴林大红袍鸡血石

尺　　寸　20厘米×29厘米

鉴石要点　鸡血布满全体，明亮艳丽，在温润的地子
　　　　　上就如燃烧的熊熊火焰，气势非凡。

烈焰升腾·昌化牛角地鸡血石

尺　寸　45厘米×23厘米

鉴石要点　血色浓郁，几乎遍布通体，在灰黄色牛角地的衬托下，显得更加深沉凝重，就如升腾的烈焰一般，热情奔放。

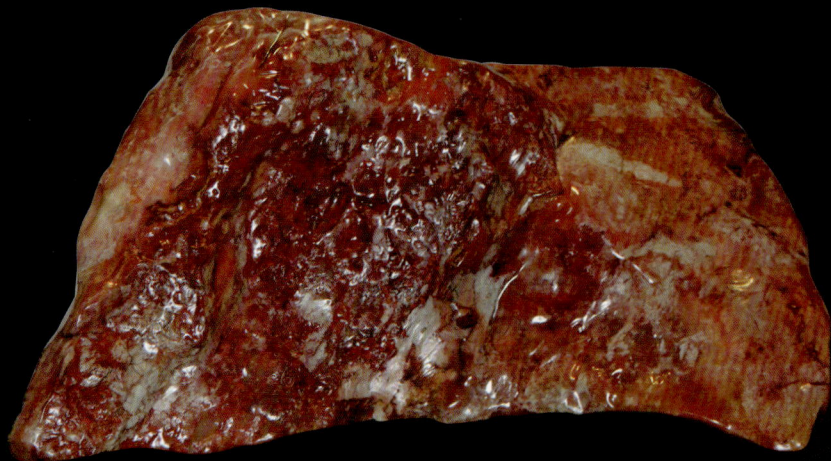

巴林鸡血原石

尺　　寸　80厘米×70厘米

巴林刘关张鸡血原石

尺　　寸　2厘米×11厘米×7厘米

锦绣河山·昌化藕粉地鸡血石

尺　　寸　80厘米×60厘米

昌化田黄石和寿山田黄石的鉴别

在寿山田黄越来越难求之际，产于昌化地区的结构、成分和寿山田黄石相近的石头开始被藏石者重视起来，因为这种石头从外表上看和福建寿山田黄石很像，民间为了和寿山田黄石区别，把这种石头叫做昌化田黄或鸡血田黄。在鉴赏寿山田黄与昌化田黄上可从以下几个方面入手。

形成机理对比

昌化田黄石的矿物成分是高岭石和地开石，主产于康山岭北坡岩下的湿地、水田、溪涧间。昌化田黄石的突出特性是自然单独成块，外形浑圆，没有明显的棱角；石头的表面包着一层色泽、薄厚、稀密不一的石皮；块体不大，小的不足一两，大的可达数千克以至数十千克。

在整个昌化石的发展史上，昌化田黄石属于地地道道的小字辈。据史料记载，昌化田黄石的个别发现开始于清代，上海历史博物馆曾征集到清光绪书画家张辛篆刻的昌化田黄石章。80年代以后，随着昌化田黄石的陆续发现和福建等地商人的频繁采购，人们才逐渐认识到它的真实面目和价值。

昌化田黄石的形成机理是，部分原

春江待渡薄意雕件·寿山田黄石

尺　　寸　3厘米×5厘米

鉴石要点　重19克，石质细腻温润，黄色浓郁，微透。和风细柳下，一老者端坐，等待渡船过江。白羽雕刻。

172

生矿脉受地壳变迁的作用崩解成岩块露出地表，散落于低洼的山泥、湿地、溪涧、水田间，后受到自然的作用淹没于泥沙层中，因长期经历泥沙、水分等化学作用和一定距离的搬运，得到水分滋润，进而分化磨蚀，使矿石的棱角和易碎裂的部分磨砺、撞落，形成少裂纹的浑圆块体，并逐渐小型化；经不同地质环境的再次培育后，矿石内质变得更加纯正、滋润，最终形成了昌化田黄石。

　　寿山田黄石是酸性火山岩交代蚀变的产物，其生成年代可追溯到数百万年的第三纪末期，受到地壳运动和自然风化的作用，寿山溪上方高山矿脉的部分矿石滚入山下的溪涧中，长期经受溪水冲刷滚动，磨圆了棱角，形成了卵形的田黄石坯胎，后为沙土覆盖。田黄石胚胎埋藏于田中，日积月累，表皮所含的氧化铁受泥土中水分、温度等因素的影响，逐渐酸化，自身渲染改变了原貌，形成特有的田黄特征。

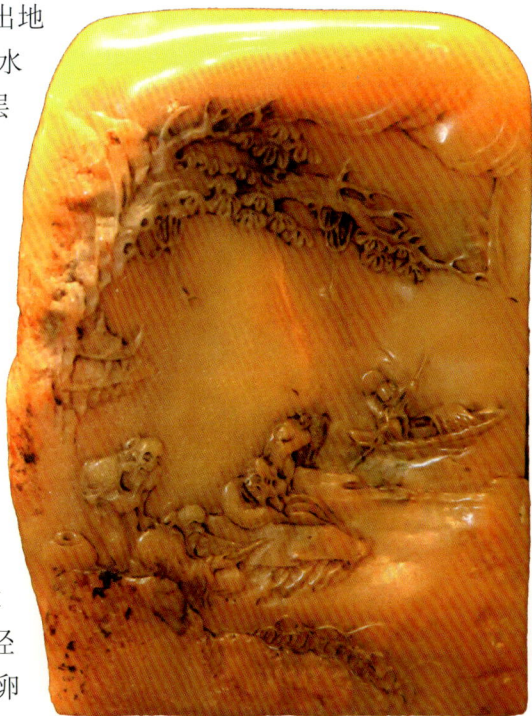

唤渡·昌化田黄石

尺　　寸　8厘米×12厘米×4厘米
鉴石要点　"轻烟漠漠晓晴天，立马汀沙唤渡船。白鸟忘机思虑息，避人飞过急滩前。"《溪头唤渡》是宋代吴晦之写的一篇诗词，也是薄意雕刻中常见的题材之一。

　　从形成机理来看，寿山田黄石与昌化田黄石的形成环境相似，两者皆是由原生矿脉滚入低洼的水田、湿地、溪涧等地，受到水流的冲击，之后掩埋在湿热的泥沙层中经历了漫长的地壳运动、分化作用等形成的。不同点在于，寿山田黄石主要产于水田之中，而昌化田黄石产于梯田之中。

　　从内部结构来看，在显微镜下观察，寿山田黄石主要呈致密块状构造、网纹构造及隐晶质结构、细粒结构、显微鳞片变晶结构。寿山田黄冻在扫描电镜下主要呈团粒状结构，个别部位结晶度稍高一些。

　　昌化田黄石主要呈块状、斑状和脉状构造，以显微隐晶质结构、显微粒状结构和鳞片变晶结构出现，在扫描电子显微镜下主要呈现不定型、假六方片状或板状。

石形与石皮对比

　　寿山田黄石外形多呈卵蛋状，这是因为其经过水流长时间的搬运、磨蚀等作用所形成的，昌化田黄石的外形的棱角虽然不突出，但与寿山田黄石相比还是相差很大，大多不是鹅卵石状，肌理内有浅黄色杂质。

寿山田黄石大多都有石皮，这些石皮有不同的色泽，有厚、薄、稀皮之分，偶尔还有双重皮、三重皮。

寿山田黄石石皮的产生和其所处的周围环境有着直接关系：埋藏在富含氧化铁离子沙土层中的田黄石外皮多呈黄色；埋藏在不含铁离子的白沙层中的田黄石则多呈白色外皮，这种白色外皮裹着黄色肌质的田黄石被称作"银包金"田黄石。还有一种黄色内心，而外表层肌质和外表皮都是白色的田黄石，也称为"银包金"田黄石。其前一种是由黄色田黄石迁移到白沙层中后，由环境地下水中的迪开石份子沉积而形成的，因为白沙层中几乎不含氧化铁离子所以形成了白色皮。

后一种是由于田黄石周围环境中含氧化铁离子的地下水位下降，从而断绝了提供浸润田黄石的色素的原因造成的。黑色裹皮（乌鸦皮）是黑色的有机物腐殖酸浸透形成的。这种黑皮田黄石往往是先被氧化铁离子浸入而形成黄色皮层，此后，或因为石头被搬迁或由于周围环境被有机腐殖酸侵入，改变了周围的存在环境，黑色的有机腐殖酸浸入石皮，使氧化铁皮层染色，形成了黑色的乌鸦皮田黄石。

有时黑皮和下面的黄皮在浸透时还会形成薄薄的一层浅淡的绿色层，较稀有。还有一种称为"金包

金蟾·寿山田黄石

尺　寸　6厘米×8厘米

鉴石要点　重30克，质地细润通灵，纹理细腻，黄似枇杷。圆雕一金蟾造型，线条老道，刻画生动。

银"的田黄石，是一种肌质非常致密的白田石被含有氧化铁离子的地下水浸润，染成为一层薄薄的黄色皮层，极其美丽也极其罕见。

昌化田黄石也有石皮特征，有时可见双重皮、三层皮，主要有"乌鸦皮"（表层为黑色），黄色石皮包括"金裹银"（肌理为纯白色，表皮为黄色)和"银裹金"（肌理为黄色，外皮为白色)。由红外光谱表明昌化田黄石的石皮与肌理均为地开石；扫描电镜观察石皮和"鸡血"主要呈鳞片状，肌理中的地开石为不定型或假六方片状、板状，部分矿石中可见高岭石族矿物自形程度（指组成岩石的矿物的形态特点）比较高，且对边平行，对角相等。

因为石皮是田黄石的主要特征之一，所以假皮常见。近几年，有将其它石头表面用石粉假造石皮后冒充田黄石销售的，在鉴赏此类石头的时候要注意：一般真的田黄石皮层在放大镜下可见到图案雕刻的凹坡处，皮层与肌质之间是由深到浅渐渐过渡嵌入石质表面的；而假皮的皮层则明显的是与石质表面分层的。

另外，真皮的厚度是不均匀的。其凹陷处的表面具有自然沉积的圆滑表面。而且大多数的凹陷坑中皮层的外表比皮层内的颜色偏深偏红一些（这是地下水中的氧化铁离子较长时间积存并在表面沉淀的结果）。假的石皮则不可能出现这种现象。真皮层在灯光下是半透明的，可以透过光线；假皮则是不透明的。

群仙聚会·昌化田黄石

尺　寸　18厘米×24厘米×8厘米

鉴石要点　石质温润，细腻通灵，色泽呈现明丽的黄色。用薄意的手法雕刻群仙聚会的题材，造型别致，人物形态各异，意境清幽深远，古朴雅致。

昌化田黄石和金田黄的区别

金田黄在市场上也被称为"印尼金田黄"，产于印度尼西亚爪洼岛的太阳溪，这种石头在未经加工时，看上去很像是肥皂，在当地也被称为"肥皂石"。

外来和尚的魅力

金田黄是含镁和锰较多的方解石，学名是"镁锰方解石"或者"镁菱锰矿"，金田黄的颜色艳丽，有红色、橙色或者黄色等不同色调，而金田黄的红色、橙色或者黄色正是来源于方解石中所含的锰。由于没有赏玩石头的传统，金田黄在印尼起初并没有受到任何特殊的待遇。直到2000年前后，这种石头进入中国台湾，被加工成艺术品进行收藏，它的名字也相应改成了"太阳石"。

价格的较量

2005年这种石头被台商带到大陆，开始在少量藏石爱好者之间流传，名字也改为现在的"金田黄"。

玩的人多了，金田黄的价格开始逐级上行。大约从2008年开始，中国金田黄市场逐渐形成，金田黄原石及其制品的价格，随之进入了加速上冲阶段，不少人纷纷前往印尼采购。这些前往印尼采购原石的人，大

笑口常开·印尼金田黄

尺　寸　23厘米×20厘米

鉴石要点　弥勒佛坦腹趺坐，腰肢粗大，笑口大开，神情温和，寓意"皆大欢喜"。

多是通过航空托运的方式把金田黄带回国内，每次只能带十几千克到二十千克。

　　由于运输量十分有限，加上采购者往返印尼机票的费用，金田黄到国内的成本大大增加。金田黄的财富效应也辐射到了它的原产地，在印度尼西亚太阳溪附近，一个只有200多人的贫困小村庄，靠着采挖原石都富了起来。

外观的对比

　　从外观上看，金田黄与田黄石实非常相似。虽然缺少"萝卜丝纹"等特征，但从质地、颜色、光泽等传统赏石标准来看，金田黄原石非常抢眼，制成雕件之后，颇有高档田黄石的风范。

材质的对比

　　金田黄一般为玻璃光泽，断口为油脂光泽，具有不完全的板面解理和贝壳状断口。金田黄主要形成于外生作用条件下，产于近代海底沉积、黏土或石灰岩洞穴中，也可形成于内生作用，产于温泉沉积及火山岩的裂隙和气孔中。

　　金田黄的材质在外表上虽然酷似昌化田黄石，但两者在折光率、硬度、透明度、质感等物理性质上却大相径庭。金田黄的摩氏硬度大约为3.5～4.5度，比重为2.9～3.0克/立方厘米，比昌化田黄石的硬度要高，雕刻比较困难。

　　另外，金田黄外表的油润程度低，有一种干涩的感觉。金田黄的主要成分是碳酸钙，而昌化田黄石的主要成分是高岭石和地开石。

松下老人·昌化田黄石

尺　寸　10厘米×9厘米×4厘米
鉴石要点　石形饱满圆润，色泽明黄艳丽。薄意松下老人的画面，其构图清新雅丽，几位老者长须飘然，精神矍铄，与顶部苍劲的古松遥相呼应。

白眉寿星·印尼金田黄石

尺　　寸　12厘米×18厘米

鉴石要点　俏色巧雕，充分利用白色的石皮雕刻寿星的眉须，以及手杖上的白色蝙蝠，整个作品大气奔放，寓意吉祥。

寿星·昌化田黄石

尺　　寸　18厘米×25厘米

鉴石要点　圆雕一寿星造型，高额长须，
　　　　　面目慈祥，左手捧桃，右手执
　　　　　杖，寓意"寿比南山"。

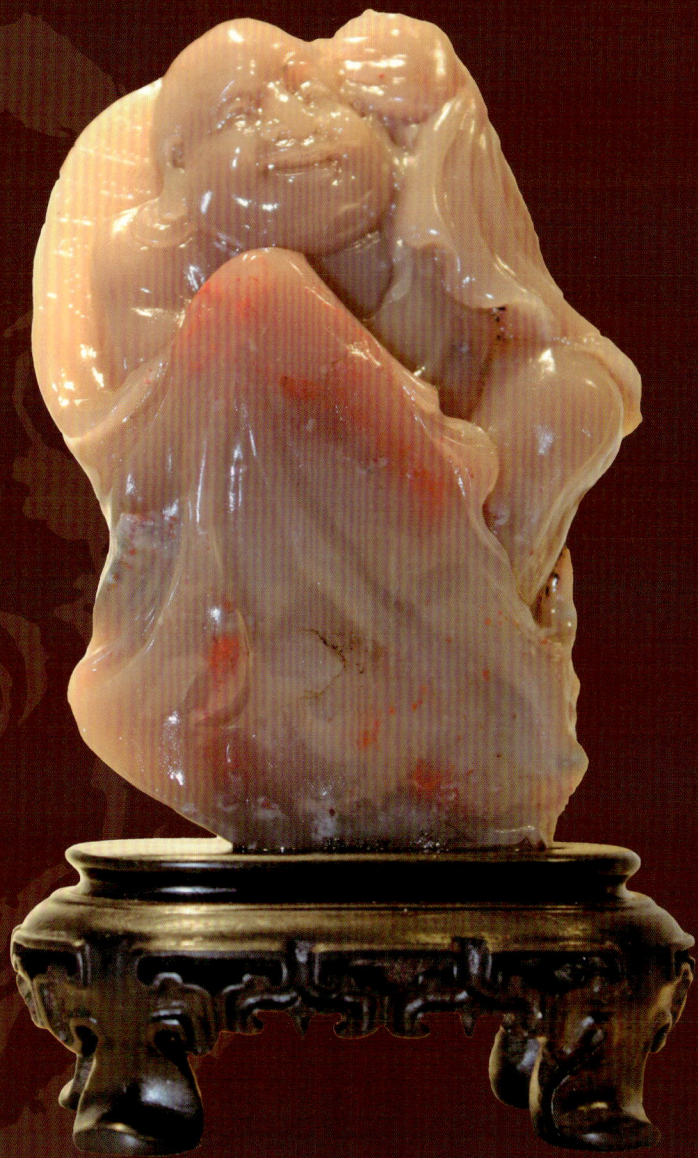

佛主·昌化豆青冻石

尺　寸　9厘米×13厘米

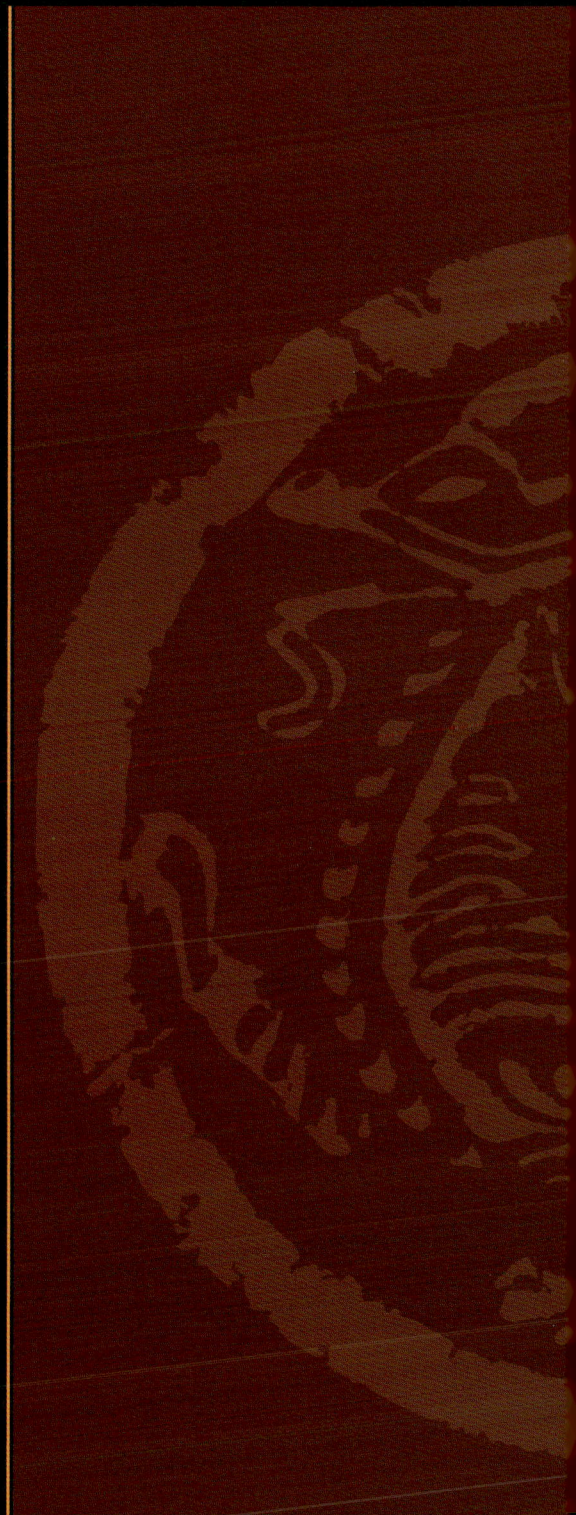

第六章

淘宝有道，
玩转昌化石必掌握的投资技巧

投资收藏必上的准备课

在 中国素来有"盛世收藏"的说法，伴随着近年来居民财产性收入增加带来的大量财富积累，以及人们理财观念的进步，越来越多的投资者认为，理财不该把"鸡蛋"放在一个篮子里。于是在房地产调控、股市低迷等传统理财渠道越来越狭窄之际，不少人选择石头、字画、瓷器等藏品作为投资渠道，昌化石也属于此类，从投资收藏的角度讲，每个人都应该有一个准备。当下喜欢收藏的人非常多，但是冒冒失失地进来，就会出很多问题。因此，如果要涉足昌化石收藏投资就需要提前做足功课。

理论先行

第一条就是理论先行。投资者首先应该知道自己要收藏什么，再把对应的书找来看。比如说，喜欢鸡血石，那么就要找一些鸡血石类的书籍来看看，把鸡血石的基本情况先弄清楚。

要收藏印章，就要了解石谱及印章的基本知识和基本术语，比如多大摩氏硬度的石头适合做印章石，中国四大名印的基本常识等，这些专业上的准备非常重要。

如果自己一点都不懂，就跑到市场上选购，上当受骗的几率无疑会大增。对于初次投资收藏品的人来说，在确定收藏品时，一定要选择自己较为熟悉的收藏品，了解自己想要投资的收藏品的特性、质量好坏的判别标准、真伪的鉴别、收藏的价值、价格及价格的未来走势等等，否则虽然投入了大量资金，结果收集来的只是假冒伪劣品，最终会损失惨重。

素章·昌化瓦灰地鸡血石

尺　寸　3厘米×3厘米×7厘米

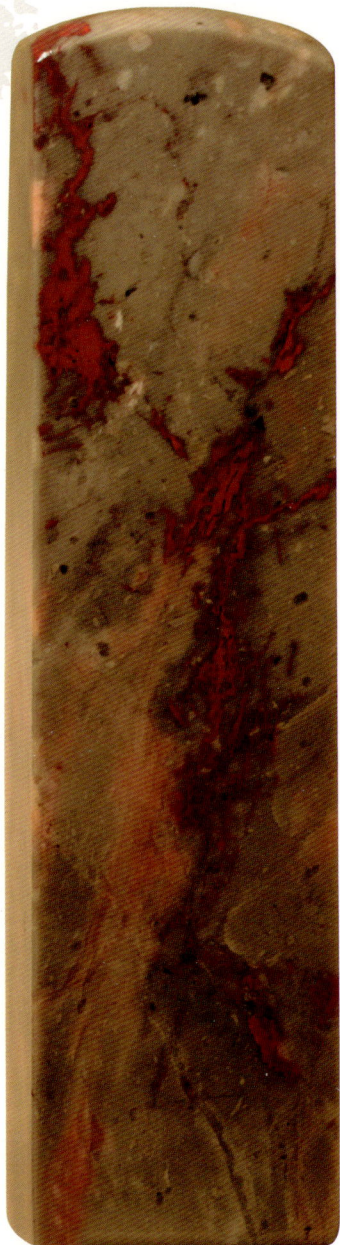

结识良师益友

第二点就是最好请个老师,多交一些收藏界的朋友。但这条要注意,一定要找正经人,不要找一些走旁门左道、全是巫术的人。再有一点,你请的这位老师应该有一定的社会地位,比如说在专业单位任职、有过收藏成就,这样的人会对你有很大的好处。有时候别人教你一句,省得你摸索半天。

"物以类聚,人以群分",在众多的昌化石投资收藏大军中,主要可以分为以下几种类型:欣赏型收藏者、投资型收藏者、科教型收藏者和综合型收藏者。

其中欣赏型收藏者大多是风云人物,他们的收藏品味高,品质好,多为珍奇稀有的精品、珍品、绝品,这部分收藏者也给昌化石市场注入了活力。

根基稳固·昌化牛角冻鸡血石
尺　寸　6厘米×4厘米×23厘米

多看多学提升见识

第三就是多接触实物,有机会就看。接触实物有很多种方式,最多的就是看展览多逛逛市场。

另外,看的同时能上手尽可能去上手。比如拍卖会的预展,就可以去看一看,摸一摸,感受一下。别人有好东西,在不违反操作规程的前提下,可以上上手,但一定要小心。在选购石头的时候,一定要带上手电筒。

商家拿来石头时,往往会在石头上抹点橄榄油、婴儿油之类的润滑油,称是保养石头。但是,这样的做法会掩盖了石头本身的缺陷,抹了油就看不出裂纹。而手电筒能将抹油的石头看个究竟。

此外,鸡血石属于比较容易仿造的一类,市场上的仿品数量非常之多,并且效果逼真,不是行家确实不易辨认。

简单的辨别方法,就是用打火机火苗烧一下,如果发出特殊的气味,就肯定是假的,因为真正的石头是烧不出异味的。这种方法,对辨别合成材料制作出来的假石尤其有效。还有的情况是用鸡血石碎成小石,再掺以化学物合成物质,最后制作成颜色亮丽、体积硕大的"鸡血"。遇到这种情况,要分辨就必须靠眼力了,如果是普通的玩家,拿不准的时候就不要盲目作出决定。

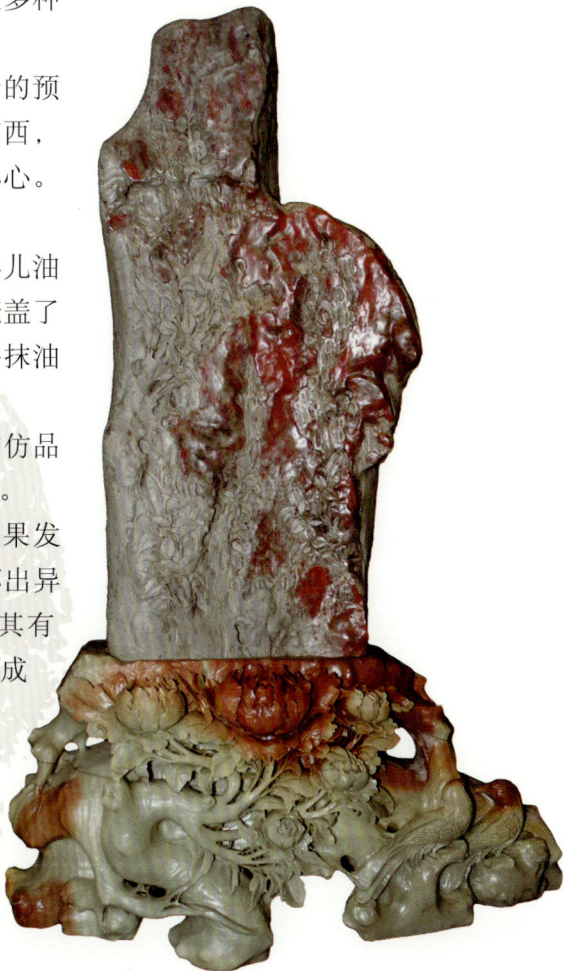

鸟语花香·昌化牛角地鸡血石
尺　寸　50厘米×98厘米

红色江山·昌化牛角地鸡血石石

尺　　寸　94厘米×84厘米×42厘米

鉴石要点　质地凝结通透，灰色地张，温润通灵，作者采用高浮雕、镂空雕等技法，在鸡血石上雕刻枝干虬劲的苍松翠柏，霞光映照，云雾弥漫，气势非凡。傅小竹雕刻。

生机盎然·昌化桃花冻鸡血石

尺　　寸　25厘米×20厘米
鉴石要点　艳丽的血色几乎布满整个石材,在黄色的地子上显得婉约灵动。顶部依石随形,雕刻一朵盛开的石莲花,一片生机盎然的景象。

漫山红遍·昌化牛角地鸡血石

尺　　寸　60厘米×40厘米×20厘米
鉴石要点　血色浓郁鲜红,包裹着近三分之二的石材,上雕苍松迎客题材,造型精美,气势动人。

渔翁·昌化藕粉冻鸡血石

尺　寸　20厘米×19厘米

鉴石要点　血色明艳,饱满温润,质地通透凝结,老渔翁面露微笑,头挽发髻,左手执鱼,右手携着鱼篓,一种满载而归的喜悦之情脱颖而出。

丰收·昌化芙蓉冻石

尺　寸　27厘米×27厘米×10厘米

鉴石要点　籽粒饱满,圆润得好似珍珠。刀法细腻,层次鲜明,突出了物体的质感,抒发了对丰收的喜悦。

不可忽略的注意事项

总结长达数千年的收藏史会发现，此前中国曾出现过三次全国性的"收藏热"，它们分别发生在北宋末年、康熙年间和清末民初。这三次"收藏热"的共同特点是上至帝王将相、下至平民百姓都以收藏为乐；伪造的艺术品、工艺品花样翻新，并能以假乱真；市场上古玩、书画交易频繁；研究成果不断问世，鉴赏水平较高。如果以此来衡量，中国目前正处于第四次收藏高潮。不过，收藏投资的一大特点是藏品的真正价值难以确定。长期以来，只有专家级收藏家才有资格决定其价格高低，因此一般的收藏投资者对于藏品的价值难以准确估算，而由于一些藏品的市场流动性差，从而使得投资者在购买藏品时顾虑多多、困难重重。收藏没有捷径可走，哪条路都要付出心血努力才能到达收获的站点。新手当记：见异思迁，这山望着那山高。

花篮·昌化牛角地鸡血石

尺　寸　30厘米×40厘米×26厘米

鉴石要点　作品构思巧妙，将下部雕刻成一个花篮造型，顶部艳丽的鸡血如花篮中的鲜花一般，娇艳鲜嫩。

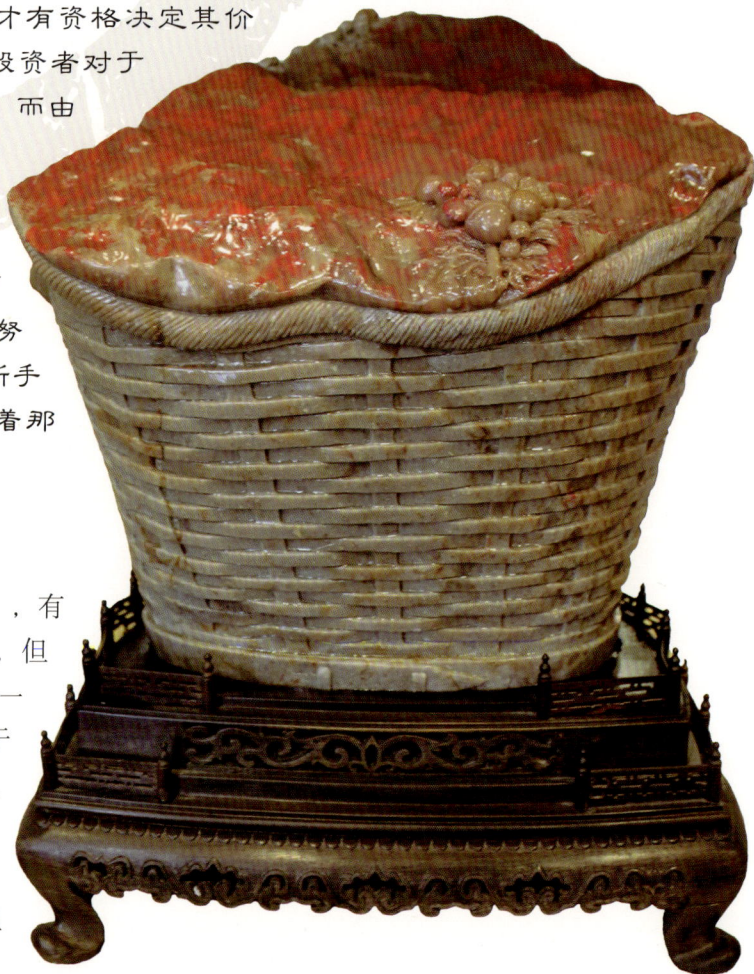

戒一见就买

收藏投资是一个"无底洞"，有的人对此很上瘾，见东西就买，但结果都砸自己手里了，赔的是一塌糊涂。收藏界流传有很多关于藏家倾家产投资，却因所购之物是赝品而破败的故事。

藏家尚且如此，新手因为还没有掌握必要的收藏经验，显然更容易失手买到假货。所以，新入藏市一定要保持淡定的心态，千万不能盲目地"过多"投资。在收藏的时候首先要注意的一个事项就是应该量力而行。

收藏是一种乐趣，绝不能把这种乐趣变成一个负担。尤其是在起步阶段，谨慎为宜。现在拍卖市场售出的昌化石，少则几千几万元，高则数十万元，上百万元。

虽然高价位作品收藏价值一般较高，但是价位过高的作品，不利于在市场上流通，也不便于一般私人收藏，因此对于初入门者来讲，最好留意那些中等名家的作品，往往价格不高，但质量较好。

戒贪

收藏要注意的第二个事项就是戒贪，这一条非常重要。贪是人的本性，总想买的东西比别人便宜，就很容易上当。在选购的时候要留意低于市价很多的东西很可能有问题：或是东西有瑕，或是大量倾销，或是仿冒。天上不会掉馅饼，千万要戒除贪小便宜的心理，否则极可能投资失手。

戒杂而不精

收藏的第三条注意事项，就是戒杂而不精。现在收藏市场的投资品很多，比如有的人见什么都买，家里字画、瓷器、石头、玉器、佛珠应有尽有，这种杂乱一方面耗费了钱财，另一方面也浪费了精力，无瑕去时刻关注这一行的市场行情和潮流变化。

印石的价格变化节奏快，相对稳定的时间短，几乎每月都有变动。而且，在印石产地内外的印石市场、拍卖会，印石价格不同。在拍卖会上，受现场气氛、竞拍者多少、暗箱操作等因素影响，一些印石出现奇高成交价，远远高出普通市场价格。收藏者和投资者只有了解行情，才能减小收藏投资风险。

对于初入行者必须尽快确定自己的收藏方向，并据此进行投资。而一旦确定了收藏方向，就要尽量坚持下去，不要轻易改变收藏方向。有许多物品，初看没有什么收藏价值，但当收藏达到一定规模，形成一个系列后，或经历一段较长时间，却会显示出极大的收藏价值。

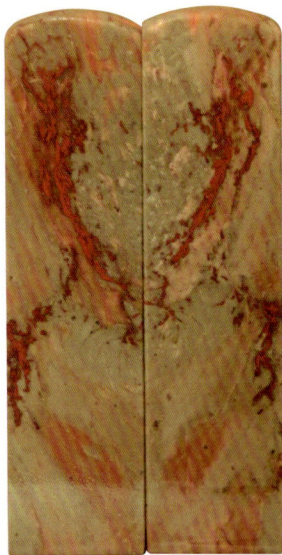

对章·昌化瓦灰地鸡血石
尺　寸　3.2厘米×3.2厘米×7厘米

九龙戏珠·昌化藕粉冻鸡血石
尺　寸　28厘米×26厘米
鉴石要点　片片鸡血如漫天飞舞的雪花，洋洋洒洒。作者采用高浮雕镂空雕技法，在鸡血石上雕刻出九条上下翻飞的云龙，气势雄壮。

忌短平快投资计划

　　收藏投资的第四个注意事项是，忌短平快式的投资。如果是投资行为，应有长期投资计划，需将购进的印石收藏几年。不能幻想今天买进，明天出手就赚钱。因为艺术品投资是一个长期行为要经得起时间和市场的考验。

福寿齐天·昌化彩冻石

尺　　寸　30厘米×52厘米×23厘米

鉴石要点　颜色艳丽通透，作品雕刻题材丰富，仙鹤、灵猴、渔舟、松柏等，但层次分明，景物清新，不仅得松之苍劲与骨气，猴之灵动与精巧，鹤之自由与轻盈，云之飘逸与迷漫，而且呈现出巨大的体积感和空间感。

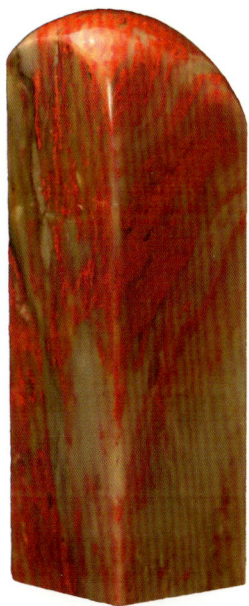

印章·昌化桃红地鸡血石
尺　寸　3.2厘米×3.2厘米×11厘米

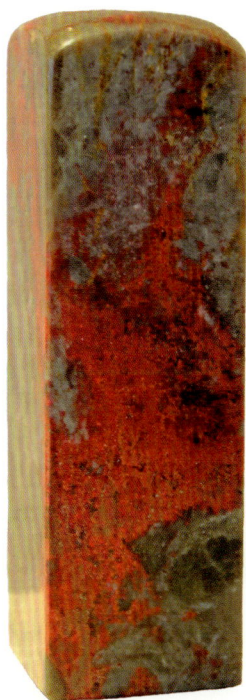

红印·昌化瓦灰地鸡血石
尺　寸　3厘米×3厘米×7厘米

方章·昌化瓦灰地鸡血石
尺　寸　4厘米×4厘米×8厘米

防止陷入投资误区

昌化石雕的投资不断火热，大批收藏投资者涌入市场，但投资者应避免几个误区。

只看外表以貌取石

弱市抄底，菜鸟蜂拥而至，很容易犯"以貌取石"的错误。很多人常常误以为颜色鲜艳、外表清秀，就是昌化石中的极品。其实，决定昌化石价值的因素很多，颜色与质地方面的因素同等重要。颜色比较好评判，色彩鲜艳、杂质少、色泽均匀、有规律的昌化石更值钱。

但对于"质地"问题，非资深投资者很难把握，购买时最好请教专家。一般来说，表面润泽、内部通透，纹理细腻的昌化石价值更高，需要携带放大镜仔细观察。此外，重量、形状、产地也都对昌化石的价值有所影响。

只追鸡血不追其他

由于昌化鸡血石的名气大，所以有的人在选购昌化石的时候鸡血石成为不二的选择，但实际上鸡血石只是昌化石的一个品种，而昌化石有上百个品种。无论从质地和价值上来说，还有很多值得收藏的品种。不过，无论收藏何种昌化石，都应优先选原料石，其次是印章，初入行者不太适合收藏工艺品，主要是因为其学问太深且工艺附加值过多。

舍小求大

有的人在收场昌化鸡血石的时候，一味地追求大的雕件，但实际上在市场上，小件鸡血石印章精品的价格却往往比大件的摆件高。

松下雅集·昌化田黄石

尺　寸　10厘米×15厘米×9厘米
鉴石要点　石质细腻，通体金黄，薄意雕刻两老者在松下高谈阔论，旁边一童子抱琴而立。

这是因为雕刻印章和摆件所需要的鸡血石材质各异,作为摆件的鸡血石体积较大,"鸡血"对其只是表皮的渗入,内部没有"鸡血",不适合切成小料作为章材,也不适合进行立体雕刻;而小块鸡血石受汞的渗入可能直透内部。

由于鸡血石以"鸡血"的多少论价,小章石有时候就比大摆件贵。在收藏篆刻印章系列时,初入行者建议从最简单的收藏印石印材开始最为稳妥,通过材质的辨别,判断收藏价值,进而再涉及印钮的名工雕刻;然后入手篆刻名家大作,自然有了感觉。

苍松迎客·昌化牛角地鸡血石

尺　　寸　50厘米×30厘米×23厘米

鉴石要点　血色浓艳明亮,就好像从天而降的烈焰一样,倾洒在广袤的山林间。作品利用鸡血石的天然俏色,采用镂雕、浮雕等技法,雕刻成串的苍松及连片的楼宇,石材规整,气度不凡。

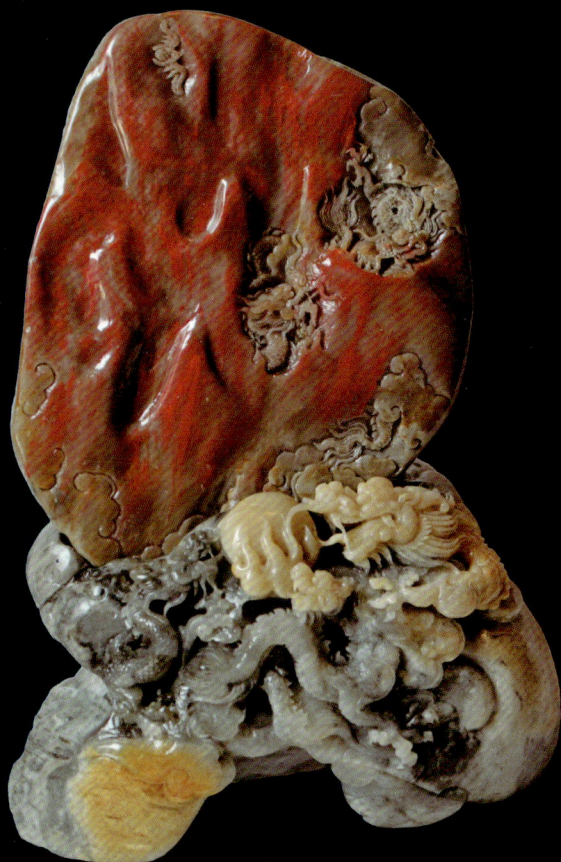

二龙戏珠·昌化藕粉冻鸡血石

尺　寸　13厘米×15厘米

鉴石要点　血色艳丽明亮，利用鸡血石的俏色，巧雕二龙戏珠题材，龙身掩映在鸡血中，只见龙首不见龙尾。

万山红遍·昌化白玉地鸡血石

尺　寸　45厘米×85厘米×25厘米

鉴石要点　白色的地子上飘洒着大片鸡血，使得红色更加显得热烈奔放，不加雕琢，就是一件很好的艺术品。

壮志凌云·昌化牛角地鸡血石

尺　　寸　52厘米×40厘米×18厘米

鉴石要点　造型独特，远观就如古代兵器青龙偃月刀，血色明亮，上面雕刻青松、楼阁、顶部翻卷的祥云以及一对仙鹤振翅高飞，充满了壮志凌云的气势。

图腾·昌化牛角地鸡血原石

尺　　寸　20厘米×19厘米×10厘米

鉴石要点　原石虽未经雕琢，但造型就如原始先民崇拜的龙图腾一般，古朴精美，真可谓"不着一刀，尽得风流"。

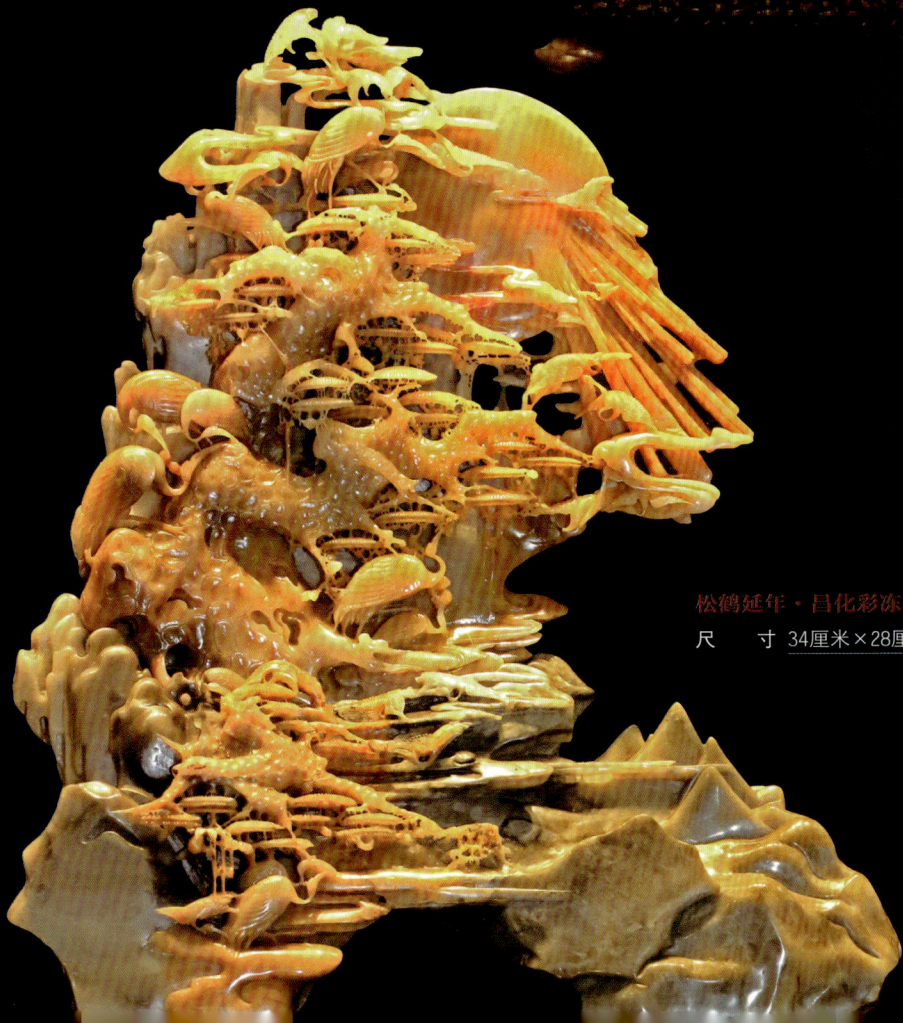

松鹤延年·昌化彩冻石

尺　　寸　34厘米×28厘米×10厘米

关山阵阵苍 ·昌化牛角地鸡血石

尺　　寸 180厘米×135厘米×60厘米
鉴石要点 材质硕大，厚重，通体布满深红的鸡
血，颜色变化自然，如阵雨之后又见
夕阳，延绵的群山正渐次变得葱茏。
中国工艺美术大师牛克思雕刻。

中華瑰寶

轻松把控市场价格走势

近年来，随着艺术品投资的不断升温，原本一直被视为小众投资品的传统印章石，居然一下子蹦进了许多大众收藏家的视线。尤其是随着田黄、鸡血等顶级印石资源的逐步枯竭及地方政府在产业上游管控措施的不断加码，其价格居然飙涨到连和田玉都望尘莫及的高位，势头直逼宝石界的当红巨星缅甸翡翠。

天下第一庄·昌化牛角地鸡血石

尺　寸　110厘米×65厘米

鉴石要点　石形狭长笔直，血色由上至下均匀浓艳，上面巧雕成片的楼宇，造型独特，充满威严雄壮之感。

特殊商品无固定价格

昌化鸡血石同其它宝玉石一样，属特殊商品，历来没有固定的价格，而且常常表现出很大的弹性。它的价格虽有短时间的起落，但总的趋势是往上涨升。新中国建立前虽战事不断，社会动荡，其价格仍保持高昂的态势。抗日时期浙西行署的调查报告称："就是三四等品而略带血点者亦非数千金不办矣，诚恐数年之后，昌化鸡血石将一跃而与翡翠石同共地位……所以近来，每对千元的价格，已经不算奇事，昌化农村仗着这种石块而每年获得一二万元的收入，也是不会估计太大的。"按粮食交易的比价，当年的一千元大约相当于现在的一万元人民币。可见那时的价格已经很高了。

1993年以后，昌化鸡血石产量尤其是高档矿石逐年减少，其价格又一路飙升。现在的价格与民国时期比较已相去甚远。据1996年产地的一位采石老人回忆，当时能卖到人民币十万元左右的羊脂冻鸡血石方章，在他六十多年前的青年时代只能换到一担稻谷，其间已上涨了近千倍。

一位亲历改革开放前后几十年行情的昌化鸡血石行家回忆，20世纪70年代初，一万二千元人民币成交的一块鸡血石珍品，到90年代初，已达到二十多万元。昌化鸡血石已进入了

增值最快的时期,其精品价格已超出黄金的十几倍甚至几十倍。

老坑新坑的区别

在收藏界,最重要的就是出身。昌化鸡血石矿也有老坑、新坑之分。老坑的鸡血石质地、血色要比新坑的好,是目前市场上最贵的鸡血石品种,价格一般是新坑的2到3倍。而昌化新坑的鸡血石又要比其他地区的鸡血石价格昂贵。普通规格等级的鸡血石印章单价已达到了5万元以上,而"大红袍"的价格更是被炒到了几百万元。在2010中国杭州印文化博览会的拍卖专场上,印石拍品的成交率高到81%,其中也不乏150万的高价作品。

投资群体的加入

近几年昌化鸡血石不断走高的价格也吸引了新投资群体的加入,2007年北京翰海秋拍,雕刻大师牛克思的"昌化鸡血石雕楼阁山子"以1344万元落槌,更是打开了其升值通道。

昌化鸡血石的经济价值,惠及四方。它成了昌化当地一方百姓的"聚宝盆",使昔日的贫困乡村,在短短的二三十年中,一跃成为临安市的富裕乡村,被誉为"小香港",相当一部分经营户举家迁往城市,加快了城市化进程。同时,它也成了地方经济的"催化剂",促进了旅游业的加快发展,推动着区域经济的成长。

龙行天下·昌化牛角地鸡血石

尺　寸　31厘米×25厘米×14厘米

鉴石要点　两条龙的姿态各不相同,但每条龙的龙首均威风凛凛,鳞片、云纹开丝精细,栩栩如生。整个作品动势非凡,呼之欲出。

对章·昌化瓦灰地鸡血石
尺　寸　3厘米×3厘米×7厘米

创意产业政策的扶持

近年来，临安市政府把昌化石产业作为重点文化创意产业进行培育和扶持，打造中国珠宝玉石首饰特色产业基地，不断加大对昌化石产业的扶持力度，同时引导和鼓励民间收藏鉴赏活动。2010年，政府引导在当地长桥路建设鸡血石文化特色街，将主城区分散的昌化石经营户进行集聚化经营与管理；2011年5月，由市文创办牵头，组织从业人员成立了昌化石行业协会，逐步规范行业管理。

2011年10月底，被列为浙江省重点现代服务业建设项目的昌化国石文化城于正式开张营业。由此，昌化石一改以往分散经营的状况，进一步凸显产业集聚效益。该项目位于昌化镇滨江大道龙头位置，总投资1.3亿元，是临安市最大的国石专业营销市场设。

昌化国石文化城的目标是搭建国石专业鉴定、国石展示拍卖、全面市场信息、国石贸易买卖、精品原石加工等五大专属功能平台来全方位服务进场经营户，形成集加工、销售、展示、推广、旅游、培训于一体的综合性文化创意集聚区。

鸡血石文化街位于临安市锦城街道长桥街燕东园，是一条集鸡血石观赏、鉴定、拍卖、雕刻、交易为一体的文化创意综合商业街，总建筑面积1.8万多平方米。2010年10月开街以来，先后举办了临安市首届赏石文化节、临安市首届国石文化节和昌化石精品名品展等一系列影响重大的国石文化活动，已经成为临安市城市旅游及城市文化宣传的一道独特风景线。

石雕基地的发展

位于龙岗镇上溪村的昌化石石雕村，是昌化石的原产地，在临安市相关部门的努力下，已成为昌化石石雕的一个发展基地。目前，集昌化石观赏、鉴定、拍卖、雕刻、交易为一体的融合书画、珠宝、玉石、木雕等文化产品于一体的"一城一街一村"昌化石产业集聚区已初步形成。

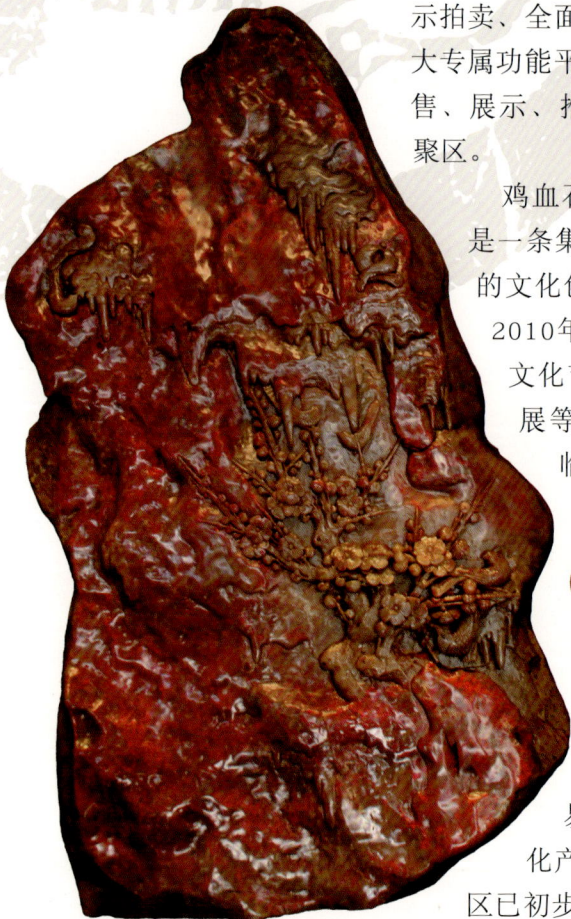

喜鹊登梅·昌化藕粉地石
尺　寸　27厘米×45厘米

洪福齐天·昌化牛角地鸡血石

尺　寸　84厘米×82厘米×37厘米

鉴石要点　血色艳丽醇厚,鲜红而有动感,利用无血的地子雕刻松树、城楼,留出大面积的血作为山石,给人以丰富的遐想。

方章·昌化牛角地鸡血石
尺　　寸　4厘米×4厘米×6厘米

素章·昌化五彩冻鸡血石
尺　　寸　3厘米×3厘米×6厘米

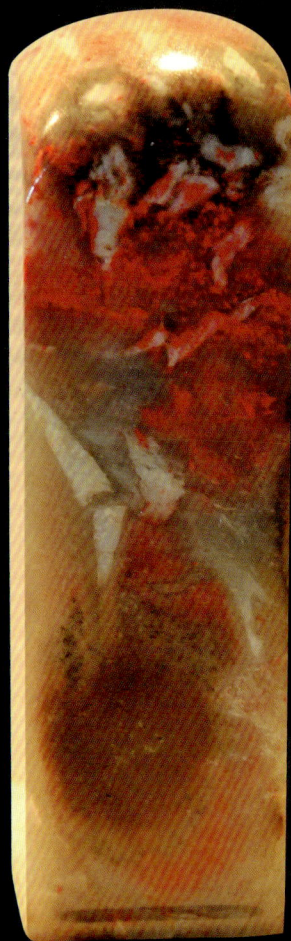

龙腾盛世·昌化牛角冻鸡血石

尺　　寸 37厘米×28厘米×13厘米

鉴石要点 血色浓郁集中，颇具动势，与黑白的地色交相辉映，更显艳丽夺目。利用无血的部分雕刻两条巨龙环绕，造型威猛生动，在大气端庄的气氛中流露出灵气，让人见之忘俗。

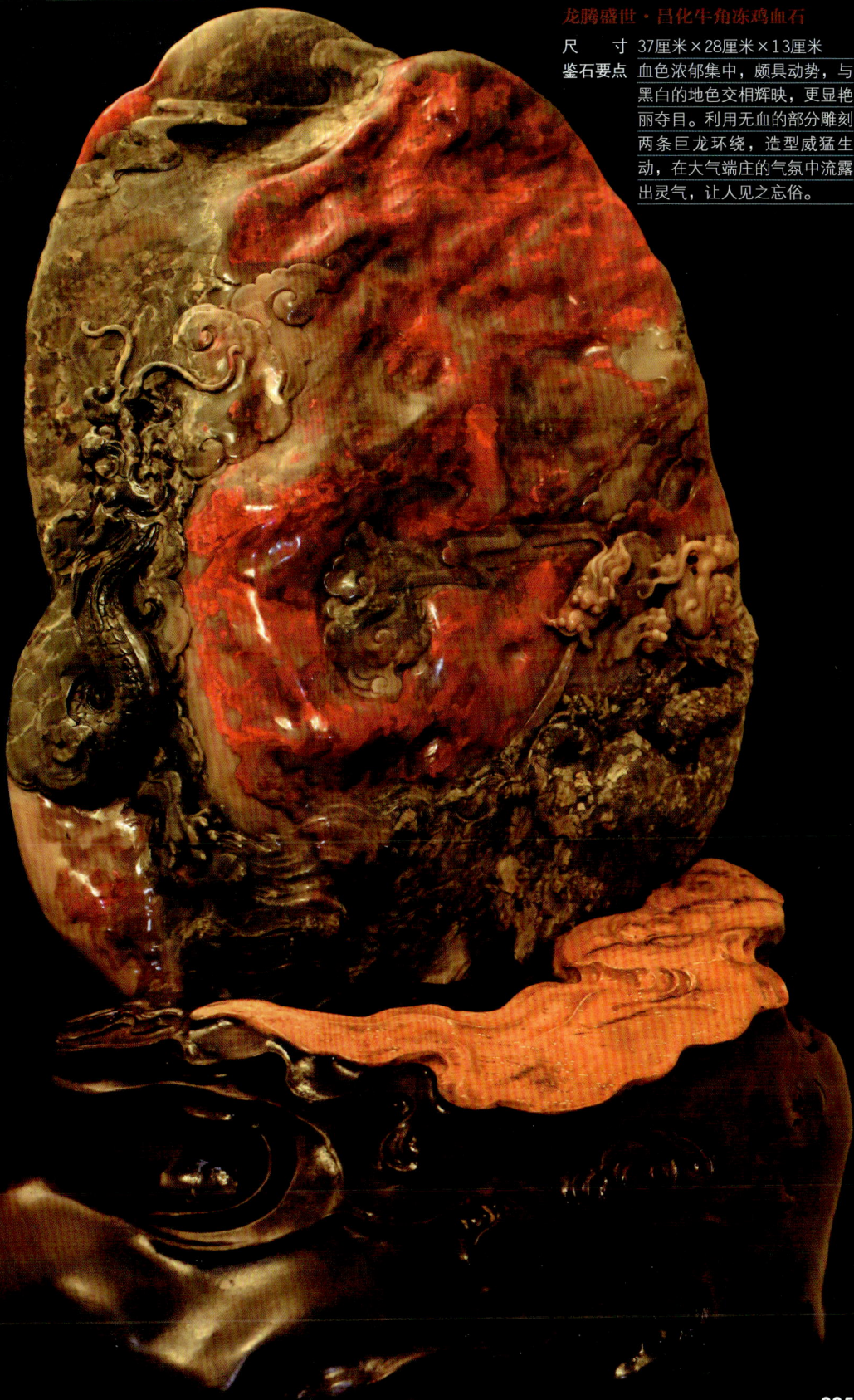

获得美石的投资变现渠道

随着昌化石市场的不断升温，吸引了越来越多的收藏爱好者加入，在活跃交易市场的同时，不得不注意一个问题，那就是收藏爱好者自己手中的藏品，究竟要如何变现才是最为稳妥。目前国内收藏市场变现途径大致有如下几种途径：藏友间交易、古玩店出售、寄售行代售、委托拍卖行交易、网络交易等。

藏友间交易

藏友私下交易这种变现方式由来已久，一般都是圈子内的藏友相互帮忙周转资金。这种交易方式有欠灵活性，而且交易金额额度不大，一般很难达到出售者心里预定的理想价位，并且与收藏者自身的交际范围相关，存在较多不确定因素。

童子献寿·昌化藕粉冻鸡血石

尺　寸　10厘米×19厘米

鉴石要点　石材温润凝腻，色彩红黄相间，明媚照人。雕工精美，人物造型饱满丰润，两个欢乐喜气的儿童，一个托着硕大的寿桃，一个顽皮地捋着醉翁的胡子，意趣十足。

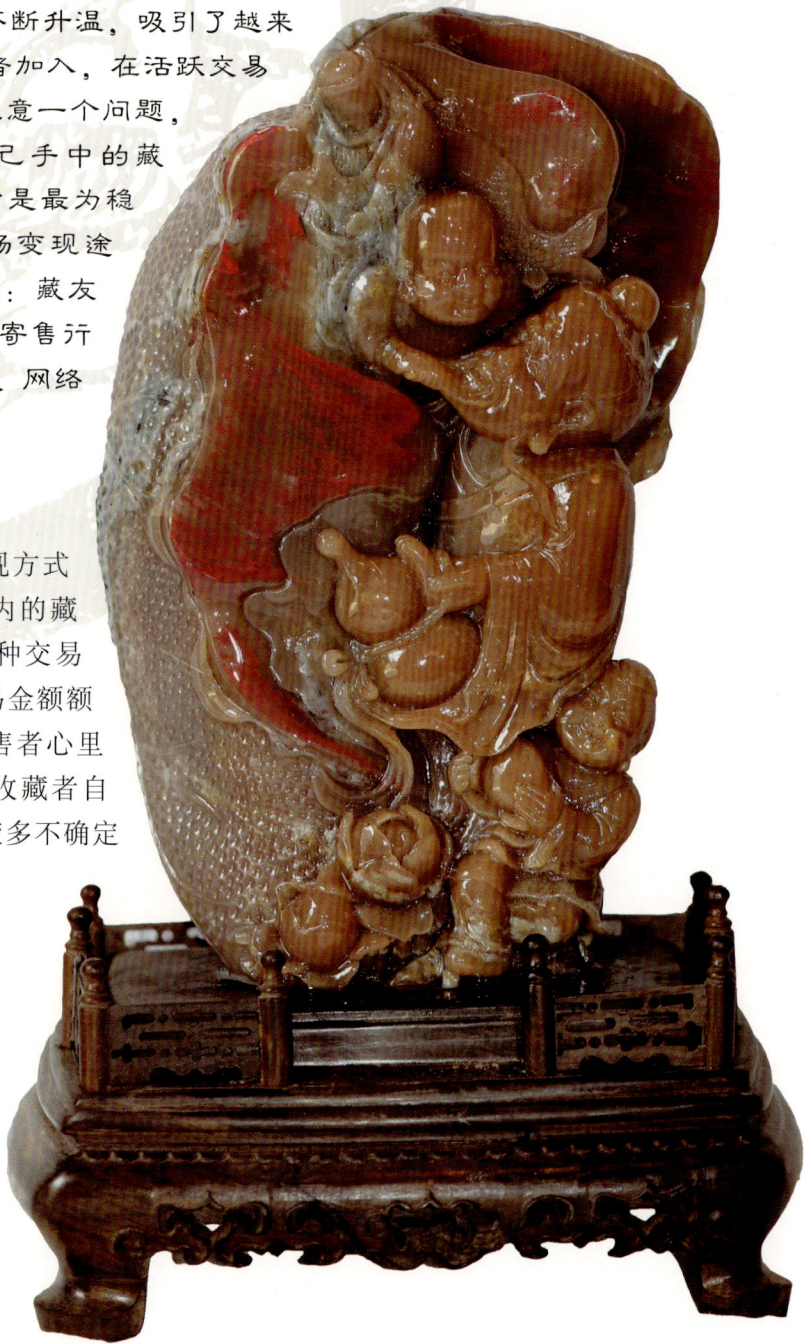

古玩市场出售

古玩珠宝市场近年来在各地大多风生水起、生意兴隆，如果收藏者将藏品卖给古玩城，老板们会按低于原有市场价5%～10%的比例出价。如果是没有价格参考的藏品，则由双方商定价格。古玩市场的特点是变现方便快捷，带上藏品就可直接验货，缺点是讨价还价浪费口水，如对藏品本身了解不够，容易低估原有价值。

拍卖行拍卖

拍卖会是目前艺术品市场最主要的套现渠道，但并非所有的艺术品都能进入拍卖会的门槛。大拍卖行对普通收藏者的东西并不感兴趣，以珠宝拍品为例，大多数拍卖行只接受1克拉以上的钻石首饰，红蓝宝石的重量则要求在3克拉之上，翡翠则至少应是豆种。普通市民的首饰绝大多数都不是拍卖行感兴趣的目标，在拍卖会上能够成交的可能性也微乎其微。另外，拍卖行对珠宝拍品的起拍价会定得很低，一般只有市场价格的50%。市场单价在5万元以下的珠宝，一般都会被当成拍卖会"甩卖"拍品，起拍价格最多只有市场价格的35%。

不过，近两年来市场上涌现了一批小拍卖行，给普通藏家提供了艺术品交易的渠道。拍卖行拍卖需要注意的是拍卖周期长，一般都要半年左右。此外，进拍卖行需缴纳一定的手续费和图录费，凡是成功拍出的拍品，投资者还需要交付一定比例的佣金。这也让不少收藏小众艺术品的投资者望而却步。

回购

有的商家为了增强买家的信心，都开展了回购业务，回购有几大特点，一是有一定的限期，并且按原价回购，二是大多数商家的回购业务只局限于自己品牌的商品，主要目的是维护自己的品牌。也有的商家为回购业务设立了短期期限，譬如仅限于商场促销的一段时间，而未必提供长期的回购服务。

对章·昌化彩冻鸡血石
尺　　寸　3厘米×3厘米×7厘米

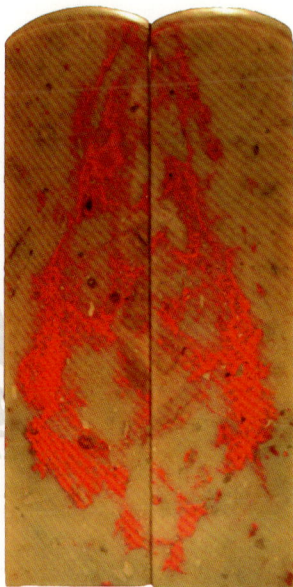

对章·昌化田黄鸡血石
尺　　寸　3厘米×3厘米×7厘米

抵押典当

　　典当行接受的艺术品类型有限，而且门槛也非常高。此外，典当折现价只有市场价格的20%～70%。尽管如此，目前典当行业很少接受普通昌化石、书画、陶瓷和其他杂项的典当，主要是其标准不够明确。在收藏品种，只有标准较为清晰的钻石、翡翠、黄金、名表、红蓝宝石、铂金比较受欢迎，部分典当行业也收鸡血石、和田玉、猫眼、祖母绿，基本不收碧玺、玛瑙、水晶等中低档宝石或新兴宝石。

　　另外，值得一提的是大多数收藏品的典当只属于"短期套现"，典当者多是急需现金过渡，最终会赎回。少数"绝当"的藏品，会由典当行通过公开方式处理。

网络交易

　　随着互联网技术的进步，网络交易也成为藏品变现的渠道之一。据不完全统计，目前国内提供收藏品在线交易的网

弥勒佛·昌化藕粉冻鸡血石

尺　寸　17厘米×13厘米
鉴石要点　弥勒佛红光满面，双耳垂肩，笑逐颜开，神态悠闲，旁边一童子立于石上，造型圆润饱满。

刘海戏金蟾·昌化藕粉冻鸡血石

尺　寸　6厘米×9厘米

鉴石要点　圆雕刘海戏金蟾题材,刘海面容饱满且充满生机,憨态可掬,衣饰线条流畅自如。民间传说刘海为福神、财神,并有"刘海戏金蟾,步步钓金钱"之说。

站有近千家,运营方式主要是网上实物拍卖和网上信息拍卖两种。网上拍卖主要是由拍卖公司组织拍卖,将作品确定最低价或无底价,然后进行在线拍卖。网上信息拍卖则是网站只提供交易平台而不直接提供拍品,目前国内大多数收藏品交易网站采用的是此种方式。

　　网络交易有最直观的实时价格,但并不适合所有人。因为网络交易看不到实物,只能根据网店的信誉、与店主的交流去感知,买家和卖家之间不能建立一个良好的信任关系,买家甚至对网站也无法完全信任,这导致网上交易的大多是价值较低的收藏品,而物件较大、开价较高的收藏品则鲜有人问津。

仙翁·昌化藕粉冻鸡血石

尺　寸　10厘米×15厘米

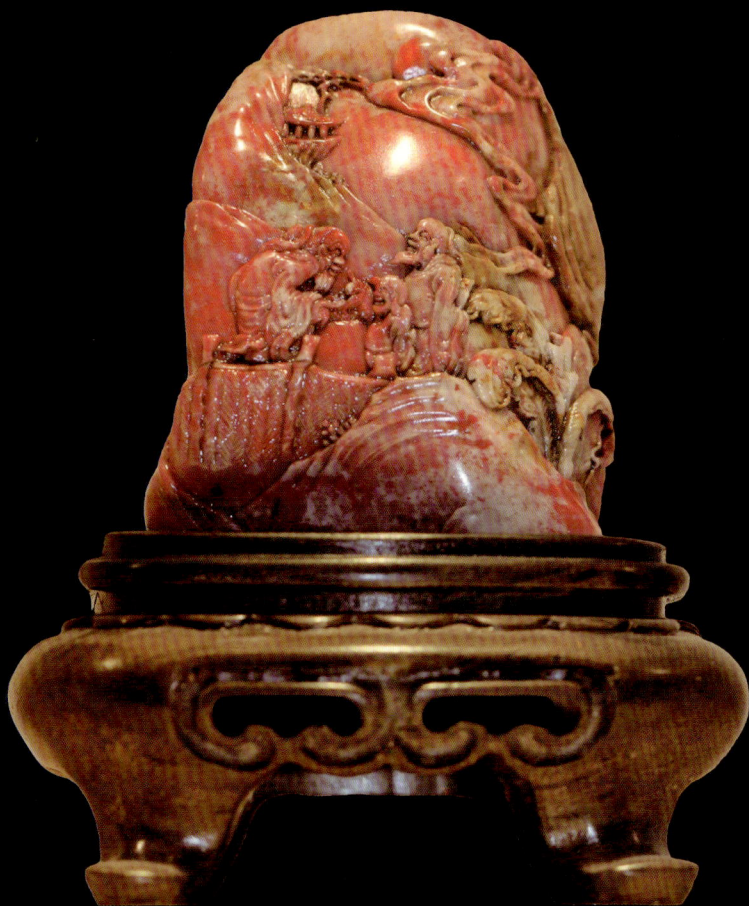

深山访友·昌化藕粉冻鸡血石

尺　寸　20厘米×15厘米

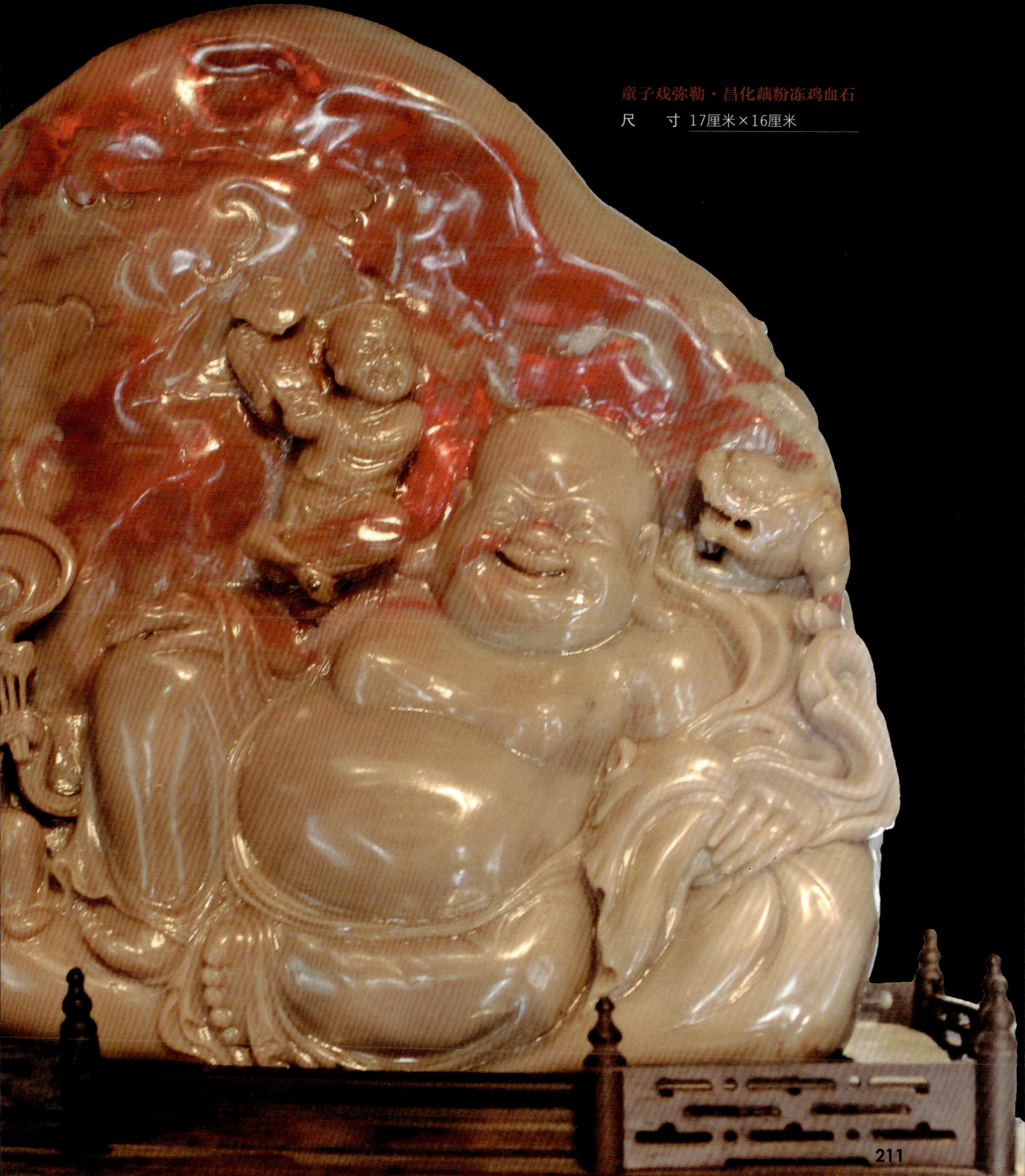

童子戏弥勒·昌化藕粉冻鸡血石

尺　寸　17厘米×16厘米

渔家乐·昌化藕粉冻鸡血石

尺　　寸　14厘米×14厘米

鉴石要点　渔翁斜坐在山石之上，左手拿着鱼钩，右手旁一小童正在玩弄其长须，作品精工细刻渔翁的脸部表情，将喜悦满足的神态表现得淋漓尽致。

玉树洪峰·昌化石

尺　　寸　30厘米×35厘米

鉴石要点　血色明艳，就如峡谷间的瀑布
　　　　　一般飞流直下，无血处雕刻苍
　　　　　松古树、峡谷溶洞、溪泉飞
　　　　　瀑，古朴精美。

让鸡血石 "长寿" 的保养秘方

　　鸡血石应避免长时间放在阳光或灯下，以免鸡血因红色部分变暗而减低了价值性。应使石材与空气隔绝，减少因温差变化而造成石质龟裂的可能性，且可增加石质的温润性。

　　适当的把玩、磨擦，可使鸡血石呈 "老光"，亦称为 "宝光"，其石质更可人。其道理和盘玉完全一样。但对刻有薄意的印石或雕刻品则应避免，以免破坏了雕工，使之面目全非。在保养鸡血石的时候，可遵循如下原则：

　　1. 制成品封蜡抛光后，用锦盒密封保存在阴凉处；如长期收藏，也可只封蜡不抛光，让表面留一层薄蜡，这样可以使石材的光泽、色泽不变。

　　2. 鸡血石切忌在阳光下曝晒，或长期置于强光下，并避免长期置于高温环境中。因为鸡血石的汞元素在阳光的曝晒和高温环境中容易走失而引起血色变紫、变暗或变淡。

　　3. 油养是近年广泛采用的保养法。方法是在制成品上擦一层白茶油或白蜡油，让石表吸透油质，变得更加晶莹明净，血色更艳。如擦油后再密封于锦盒中，可包一层普通的塑料薄膜，以免油脂沾染锦盒绒布。

　　4. 在室内摆放的摆件、石玩等要经常擦抹。如陈列时间长而沾染了灰尘、污质，可用细软绸布轻轻擦抹干净，再用细毛刷蘸油刷一层薄油，即可恢复光彩。

　　5. 一些小摆件、石玩、装饰品，最好经常用手摩掌抚玩，也可在脸上摩抹，使石面附着一层极薄的油脂，年深月久，更显古朴高雅。

　　6. 携带印石、雕刻品，佩戴装饰品，应避免外力的撞击、刻划和磨损，也应避免与化学物质接触，以免变质。

　　7. 未抛光或未封蜡的原石和成品，浸在御守盐调和的水中清洗保养，也可以取得满意的效果。

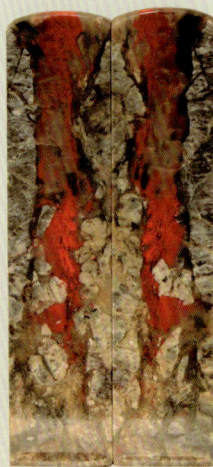

对章·昌化鸡血石石
尺　寸　3厘米×3厘米×7厘米

层林尽染·昌化鸡血石石
尺　寸　40厘米×69厘米×13厘米

关山万里·昌化牛角地鸡血石

尺　　寸　75厘米×87厘米×42厘米

鉴石要点　血色鲜艳明快，通体透亮，上部精雕漫漫雄关，下部雕碧波荡漾，整个作品大气磅礴，造型浑厚。

龙举云兴·昌化牛角地鸡血石
尺　　寸　30厘米×28厘米×16厘米

山鸣谷应·昌化牛角地鸡血石
尺　　寸　113厘米×76厘米×38厘米

根深叶茂·昌化荔枝冻鸡血石
尺　　寸　35厘米×40厘米×20厘米

江山一片红·昌化牛角地鸡血石

尺　寸　105厘米×58厘米×45厘米

鉴石要点　"胜日寻芳泗水滨，无边光景一时新。等闲识得东风面，万紫千红总是春。"作品以宋代朱熹的《春日》为题材，利用石材的特性，雕刻楼阁、松柏，大片的鸡血分布在石顶，寓意"江山一片红"。

世界各国的"国石"

在全世界的"岩石王国"中，有些石头由于自身的名贵，被奉为一个国家的"国石"。国石如同一个国家的国旗、国花、国鸟一样，必须是深受本国民众喜爱又具有优越性和重要价值的天然宝玉石。目前，世界上有近40个国家评选出了代表本国的国石，这些国石虽然各有不同，但大致符合如下要求：属岩石或矿物，是本国特产，并被大多数公民所熟悉和喜爱；虽然不是本国特产，但宝石的国内加工水平居世界领先地位；绚丽多彩，颜色鲜艳纯正；光泽柔和、美丽或具有特殊光泽反映；坚硬致密，耐磨能力强；抗酸抗碱；具有某种象征意义或在本民族中具有深远的文化影响。

翡翠

新西兰的国石。新西兰人称翡翠为"Jade"，英文名称为"Jadeite"，英文名称其实是西班牙语"Picdo de jade"的简称，意思是"佩戴在腰部的宝石"。新西兰翡翠主要由翠绿色的硬玉矿物组成，颜色不均匀，强玻璃光泽，化学性稳定，透明或微透明。按颜色和质地分，新西兰翡翠有宝石绿、艳绿、黄阳绿、阳俏绿、玻璃绿、鹦哥绿、菠菜绿、浅水绿、浅阳绿、蛙绿、瓜皮绿、梅花绿、蓝绿、灰绿、油绿，以及紫罗兰和藕粉地等二十多个品种。翡翠的摩氏硬度为6.5～7度，密度为3.25～3.40克/立方厘米。

琥珀

德国和罗马尼亚的国石。琥珀是数千万年前的树脂被埋藏于地下，经过一定的化学变化后形成的一种树脂化石，是一种有机的似矿物。琥珀的形状多种多样，表面常保留着当初树脂流动时产生的纹路，内部

阳绿翡翠龙头龟把件
尺　寸 5厘米×6.5厘米×4厘米

琥珀观音摆件
尺　寸 高13.5厘米，重161.3克

镶嵌蓝宝石花开富贵项链

镶嵌红宝石戒指

黑曜石貔貅摆件

经常可见气泡及古老昆虫或植物碎屑。琥珀的摩氏硬度为2～2.5度，密度1.05～1.09克/立方厘米。

蓝宝石

美国和希腊的国石。蓝宝石在矿物学上也是刚玉的一种，硬度仅次于金刚石（钻石），主要成分是氧化铝。蓝宝石的颜色有粉红、黄、绿、白等，甚至同一颗石中有多种颜色，历来被视为爱情的象征。美国西部盛产蓝宝石，当西部淘金热的时候，许多探险家也把找到蓝宝石作为获得财富的标志。蓝宝石的摩氏硬度为9度，比重3.95～4.1克/立方厘米。

红宝石

缅甸的国石。红宝石是刚玉的一种，因在成矿过程中含有铬（Cr），故呈现出艳红的颜色，光泽耀眼，温暖亲切。红宝石饰品，不论是戒指还是项链，都透射出诱人的光芒和高贵的品位，深得人们的喜爱。缅甸是红宝石的著名产地，每年都吸引着世界各地的大批旅游者和珠宝商去淘金。作为国石的象征，缅甸首都仰光大金塔的塔顶镶嵌有93颗巨大、晶莹的红宝石，阳光下它们熠熠生辉、光彩夺目。红宝石的摩氏硬度为9度，密度为3.99～4.00克/立方厘米。

黑曜石

墨西哥的国石。黑曜石又名天然琉璃，是一种自然形成的二氧化硅，通常呈黑色。黑曜石分带彩眼和不带眼彩两种，带彩眼的黑曜石看上去像人的眼睛一样，更具有观赏性，也更高档。黑曜石有着极度辟邪化煞作用，可以避免负面能量的干扰，能强力化解负能量。黑曜石摩氏硬度为5.6度，密度为2.35～3.0克/立方厘米。

欧泊

　　澳大利亚的国石。欧泊的主要成分是二氧化硅，一般形成在火山活动频繁地区的温泉中，或通过硅酸盐矿物分解而成。欧泊是一种独特的宝石，具有变彩效应，在阳光的照耀下能发出五颜六色、绚丽夺目的光芒。澳大利亚是欧泊宝石的产地，在这里可以发现不同种类的欧泊，如白欧泊、黑欧泊等。欧泊的摩氏硬度为5～6度，密度为2.15克/立方厘米。

镶嵌白欧泊项链

孔雀石

　　马达加斯加的国石。孔雀石由于颜色酷似孔雀羽毛上的绿色斑点而获得如此美丽的名字。孔雀石产于铜的硫化物矿床氧化带，常与其它含铜矿物共生（蓝铜矿、辉铜矿、赤铜矿、自然铜等）。孔雀石的摩氏硬度为3.5～4.5度，密度为3.54～4.1克/立方厘米。

孔雀石手牌

猫眼石

　　斯里兰卡和葡萄牙的国石。猫眼石表现出的光现象与猫的眼睛一样，灵活明亮，能够随着光线的强弱而变化，因此而得名。猫眼石的颜色呈棕黄色、黄绿色或黄褐色，透明至半透明，玻璃光泽。和其他宝石一样，猫眼石越大越难得，因而重量是评价猫眼石的基本要素之一。但影响猫眼石最重要的是颜色、眼线的情况和均匀程度等。猫眼石的最佳颜色是极强的淡黄绿色、棕黄色和蜜黄色，其次是绿色，再次是略深的棕色。很白的黄色和很白的绿色，价值就更低一些。最差的是杂色和灰色。它多产于花岗岩、伟晶岩和云母片岩中。猫眼石的摩氏硬度8.5度，密度为3.71～3.75克/立方厘米。

镶嵌猫眼石戒指

青金石龙虎观音

尺　　寸　16厘米×12厘米

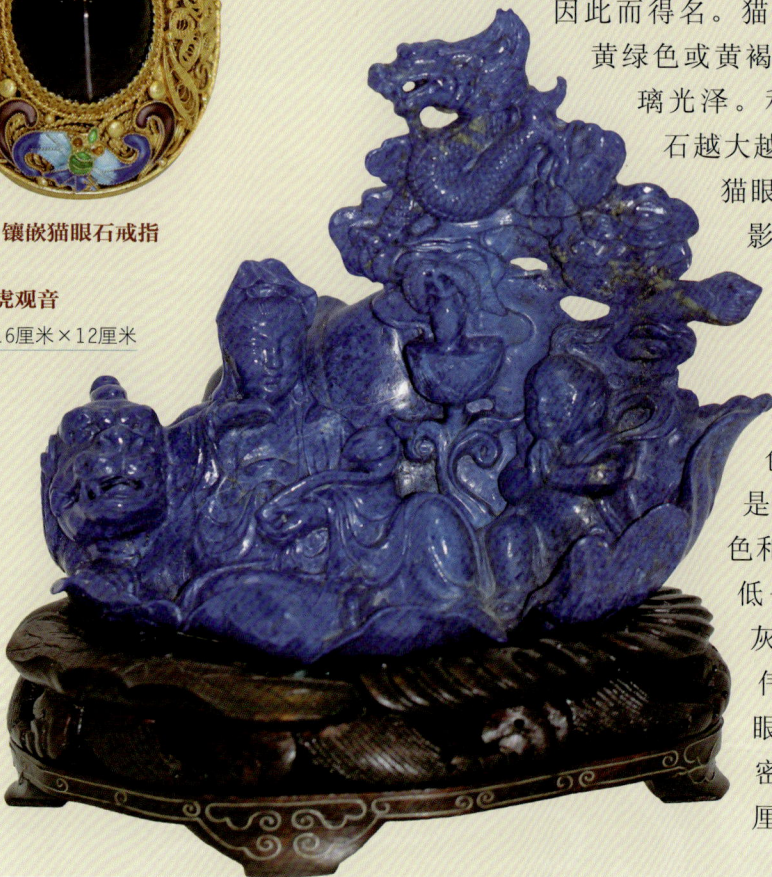

青金石

阿富汗、智利和玻利维亚的国石。青金石被视为一种古老玉石，以其鲜艳的蓝色赢得各国人民的喜爱。它属架状硅酸盐中的方钠石族矿物，颜色为深蓝色、紫蓝色、天蓝色、绿蓝色等。青金石含较多方解石时呈条纹状白色；含黄铁矿时在蓝底上呈现金色星点，带有闪光，青金石名字中的"金"就是由此而来。青金石象征光明、智慧、权力、诚信。摩氏硬度5～6度，密度2.7～2.9克/立方厘米。

绿松石

土耳其的国石。绿松石是含水的铜铝磷酸盐，其英文名称Turquoise，意为土耳其石。但土耳其并不产绿松石，传说古代波斯产的绿松石是经土耳其运进欧洲而得名。绿松石的颜色有多种，天蓝色、淡蓝色、绿蓝色、绿色、带绿的苍白色。含铜的氧化物时呈蓝色，含铁的氧化物时呈绿色，色彩是影响绿松石质量的重要因素。绿松石也是人类最早应用的玉石之一，象征进取、成功、胜利、荣耀。绿松石的摩氏硬度5～6度，密度为2.6～2.9克/立方厘米。

橄榄石

埃及的国石。古老的埃及把橄榄石当作国石自有它的道理。橄榄石的形成必须经历"痛苦"的磨难，它们产于火成岩中，经过火的锻造，橄榄石呈现耀眼的绿色，玻璃光泽、美丽异常。橄榄石的主要成分是铁或镁的硅酸盐，同时含有锰、镍、钴等元素，晶体呈现短柱状或厚板状。橄榄石的摩氏硬度6～7度，密度3.27～3.48克/立方厘米。

水晶

瑞士、瑞典、日本、乌拉圭的国石。"千年玉，万年钻，亿年水晶地下藏。"水晶至清至明，至静至美，充满了神奇，古代人认为它是水的结晶，故又称之为"水精"。水晶最主要的成分就

花丝镶嵌绿松石吊坠

青金石立观音
尺　寸　6厘米×12厘米

是二氧化硅，由于含有不同的杂质，水晶呈现多种颜色，有白晶、紫晶、烟晶、粉晶等变种。水晶象征心灵平静、和谐、纯净。水晶的摩氏硬度为7度，密度为2.56～2.66克/立方厘米。

珊瑚

意大利、阿尔及利亚和摩洛哥的国石。珊瑚是珊瑚虫分泌出的外壳，珊瑚的化学成分主要为碳酸钙，以微晶方解石集合体形式存在，成分中还有一定数量的有机质，形态多呈树枝状，上面有纵条纹，每个单体珊瑚横断面有同心圆状和放射状条纹，颜色常呈白色，也有少量蓝色和黑色。珊瑚被誉为勇敢之石，能提高人的情绪，令人热情。珊瑚的摩氏硬度3.5～4度，密度2.6～2.7克/立方厘米。

象牙

扎伊尔的国石。象牙呈白色或浅黄色，是大象上颚的门牙。象牙往往被加工成艺术品或首饰，此外它还被加工为台球和钢琴键，是一种非常昂贵的原材料。由于出产象牙的大象数量骤减，许多国家近年来禁止进口和贩卖象牙或至少对象牙贸易施加极大的限制。象牙的摩氏硬度为2.5～2.75度，密度为1.70～1.90克/立方厘米。

三阳开泰白水晶摆件
尺　　寸　70厘米×40厘米

钻石

英国、南非和荷兰的国石。钻石是指经过琢磨的金刚石，是在地球深部高温、高压条件下形成的、一种由碳元素组成的单质矿物晶体。它是大自然赐予人类最美丽的也是最昂贵的物质和财富，是忠贞爱情的象征，具有永恒的意义。钻石的摩氏硬度为10度左右，比重为3.53克/立方厘米。

珍珠

印度、法国、沙特阿拉伯和菲律宾的国石。珍珠是贝类通过分泌与内壳层相似的物质对体内异物包裹所形成的产物。一般是固态粒状物，圆度越高、个体越大，珍珠越名贵。珍珠具有柔和的光泽，洁净美丽，在医药上也有广泛的用途。印度是信奉佛教的国家，珍珠的圣洁与佛教的高尚融合在一起，自古便得到印度国民的认可。珍珠的摩氏硬度为2.5～4.5度，密度为2.6～2.78克/立方厘米。

祖母绿

哥伦比亚、秘鲁和西班牙的国石。祖母绿也称绿宝石，色泽翠绿高雅，售价比钻石还要贵。祖母绿主要产于绿柱石花岗伟晶岩及相应的砂矿中。南美洲的哥伦比亚盛产祖母绿，其储量占全世界的95%。祖母绿作为5月份的诞生石，是幸运与幸福的象征，古人甚至还认为佩戴祖母绿的人会有超自然的先知能力，可使人才思聪慧并防止疾病的侵扰。祖母绿的摩氏硬度为7.5～8.0度，密度为2.70～2.78克/立方厘米。

群镶钻石冰种翡翠

珍珠配烟晶吊坠

银镶嵌珊瑚挂坠

群镶钻石祖母绿戒指

鳄鱼象牙雕摆件

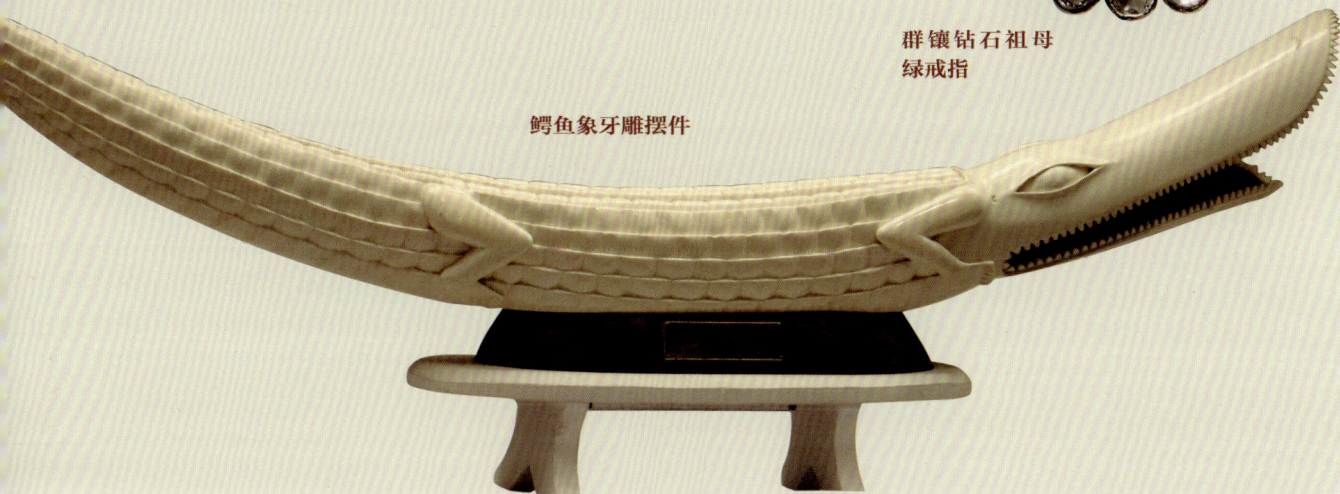

行家这样收藏昌化石

收藏鉴赏投资一本通

主要参考文献

姚宾谟：《昌化石志》，中华书局，1998年

夏法起：《鉴识青田石》，福建美术出版社，2002年

杨春广：《巴林石》，内蒙古人民出版社，2002年

钱高潮：《昌化鸡血石》，福建美术出版社，2004年

张培莉等：《系统宝石学》，地质出版社，2006年

崔文元，吴国忠：《珠宝玉石学GAC教程》，地质出版社，2006年

方宗珪：《寿山石文玩钮饰》，荣宝斋出版社，2007年

方泽：《四大名印石》，百花文艺出版社，2007年

姚宾谟：《中国昌化石文化》，中国美术学院出版社，2007年

杨剑：《昌化石鉴赏与投资》，海潮摄影艺术出版社，2009年

潘天寿：《治印丛谈》，浙江人民出版社，2013年